KB073521

Muju Film Festival 2019

**Una Labo
Actorology**

백은하 배우연구소

next actor

Una Labo
Actorology

백은하 배우연구소

박

정

민

next actor

**Una Labo
Actorology**

백은하 배우연구소

박
성
민

next actor

next actor

박
정
민

넥스트 액터는 누구입니까?

한석규, 전도연, 최민식, 송강호, 설경구. 90년대 말 시작된 한국영화 르네상스가 새로운 21세기를 열어 갈 배우들의 명단을 TV와 연극 무대에서 빌려 왔다면, 2010년 이후 한국영화는 독립영화의 신선한 안목과 과감한 선택을 빌어 새로운 십 년을 꿈꾸었습니다. 〈파수꾼〉[2011] 〈족구왕〉[2014] 〈환상속의 그대〉[2013] 〈한공주〉[2014] 〈거인〉[2014] 〈들개〉[2014] 〈한여름의 판타지아〉[2015] 〈글로리데이〉[2016] 〈철원기행〉[2016] 〈꿈의 제인〉[2017] 〈죄 많은 소녀〉[2018] 〈어른도감〉[2018] 등의 작품은 관객들에게 이제훈, 박정민, 안재홍, 한예리, 천우희, 최우식, 변요한, 김새벽, 류준열, 이상희, 조현철, 구교환, 이민지, 전여빈, 엄태구, 이재인 등의 배우를 선사했습니다. 이들이 없었다면 〈아이 캔 스피크〉[2017]도, 〈독전〉[2018]도, 〈사바하〉[2019]도, 〈기생충〉[2019]도 꽤나 다른 영화가 되었을 겁니다.

넥스트 액터는 단순히 생물학적으로 젊은 배우들이 아닙니다. 영화를 바라보는 시력이 오만으로 퇴화하지 않고, 연기를 대하는 근육이 관성으로 굳지 않은 배우들이죠. 넥스트 액터에게 독립영화와 상업영화는 과정의 선, 후가 아닙니다. 때론 과감하게 펼치고 때론 용기 있게 실험하며 유연하게 오갈 수 있는 더 넓고 다양한 선택지죠.

넥스트 액터는 영화 산업의 낡은 공장을 가동할 새로운 부속품이 아닙니다. 나의 오늘을 풍요롭게 만들 땅을 일구고, 영화의 친구들과 함께할 내일의 집을 짓는 사람들이죠.

그런 당신들을 이제부터 '넥스트 액터'라고 부르며 한 명 한 명 만나보고 싶습니다.

2018년 영화제가 한창이던 무주에서 조지훈 수석 프로그래머를 만났습니다. 그리고 "무주산골영화제와 백은하 배우연구소가 함께, 배우에 관한 의미있고 재밌는 무언가를 해보는 게 어떨까요?"라는 이야기를 나누었죠. 뜨거운 여름이 도래하기 직전, 유월의 터질 것 같은 성장 에너지로 둘러싸인 그곳에서 그 계절의 자연과 꼭 닮은 배우들의 얼굴이 머리 위로 하나 둘 자연스럽게 떠올랐습니다. 마침 무주 등나무 운동장 마켓에서는 플레인 아카이브의 팝업 스토어가 열렸습니다. 탐나는 블루레이며 영화 굿즈 사진을 찍어 인스타그램에 포스팅했더니 박정민 배우가 귀여운 DM을 보내왔습니다. "기자님, 혹시 〈폭스캐처〉 티셔츠 구할 수 있을까요?" 세상에 공짜는 없는 거지요. 그로부터 1년이 지난 후, '넥스트 액터 Next Actor' 시리즈의 첫 권인 〈넥스트 액터 박정민〉이 세상에 나오게 되었습니다. 돌이켜보면 모든 것이 자연의 순리였던 것도 같습니다.

넥스트 액터를 함께 기획하고 발전시킨 무주산골영화제 관계자 분들께 감사를 보냅니다. 무주산골영화제야말로 넥스트 액터들이 뿌리내릴 더없이 비옥한 토양이 될 것이라 확신합니다. 넥스트 액터들을 사랑하는 관객들에게

도 무주산골영화제와 함께하는 6월은 매해 두근거리며 기다릴 짜릿한 계절이 될 것입니다.

바쁜 영화 촬영 중에도 마음과 노력을 다해 넥스트 액터 프로그램을 도와주신 박정민 배우는 잠시 다녀가는 손님이 아니라 또 한 명의 주인이었습니다. 몇 번의 회의, 긴 시간의 인터뷰, 출연작에 대한 진심과 위트 넘쳐나는 귀한 글까지 써주신 박정민 배우에게 응원과 존경을 보냅니다.

지금 이 순간에도 카메라 앞에서 내일의 영화를 짓는 새 세대의 배우들이 있습니다. 이제 막 이 명단의 첫 줄에 배우 박정민의 이름을 새겨 넣었습니다. 벌써부터 궁금해서 가슴이 뜁니다.
다음 넥스트 액터는 누구십니까?

2019년 5월

칸과 무주 사이

백은하

"네가 나 친구로 생각해본 적 한 번이라도 있냐?

없잖아. 다 마찬가지야. 너 친구로 생각해서 같이 있는 거 아니야."

영화 〈파수꾼〉

배우 박정민 PARK JEONGMIN

FILMOGRAPHY

배우 박정민 PARK JEONGMIN

2007 단편 〈세상의 끝〉 남궁선 감독 소년

2008 단편 〈연애담〉 김도연 감독 호영

2010 단편 〈그룹 스터디〉 최정식 감독 수홍

단편 〈엄마 뱃속으로〉 최연우 감독

2011 단편 〈종말의 바보〉 이우석 감독 정민

단편 〈붉은 손〉 신지현 감독 꽃제비

〈파수꾼〉 윤성현 감독 백희준

〈시선너머 : 바나나 쉐이크 편〉 윤성현 감독 이삿짐센터 직원

2012 〈댄싱퀸〉 이석훈 감독 뽀글이

단편 〈구급〉 한정재 감독 유헌

2013 〈전설의 주먹〉 강우석 감독 어린 임덕규

〈감기〉 김성수 감독 철교

2014 〈피끓는 청춘〉 이연우 감독 황규

〈들개〉 김정훈 감독 효민

〈신촌좀비만화 : 유령 편〉 류승완 감독 비젠/보현

2015	〈태양을 쏴라〉 김태식 감독 첸
	〈오피스〉 홍원찬 감독 이원석
2016	단편 〈앰부배깅〉 한정재 감독 임혁
	〈동주〉 이준익 감독 송몽규
	〈순정〉 이은희 감독 용수
	〈무서운 이야기 3: 화성에서 온 소녀 : 로드레이지 편〉 김선 감독 동근
2017	〈더 킹〉 한재림 감독 허기훈
	〈아티스트: 다시 태어나다〉 김경원 감독 재범
	〈임금님의 사건수첩〉 문현성 감독 의경세사
2018	〈그것만이 내 세상〉 최성현 감독 오진태
	〈염력〉 연상호 감독 김정현
	〈변산〉 이준익 감독 학수
2019	〈사바하〉 장재현 감독 정나한
	〈사냥의 시간〉 윤성현 감독 상수
	〈타짜: 원 아이드 잭〉 권오광 감독 도일출
	〈시동〉 최정열 감독 고택일

ABOUT

박정민 101

이름 박정민. 正(바를 정) 民(백성 민). 바른 백성

생일 1987년 음력 2월 25일, 양력 3월 24일. 이 책을 통해 공식 생일은 3월 24일로 통일

출생 안산, 본적은 충주. 그러나 삶의 모든 역사는 분당 야탑

아침에 일어나자마자 하는 행동 다시 자고 싶다고 생각하는 것

즐겨 마시는 음료 커피, 아이스 아메리카노

현재의 뮤직 플레이스트 빌리 아일리시^{Billie Eilish}의 노래들

요즘 읽고 있는 책 《철학의 쓸모》

못 먹는 음식 당근

트라우마나 공포증 물

제일 좋아하는 숫자 37. 내가 생각하는 가장 완벽한 숫자. 〈동주〉

시나리오 번호도 37, 신인상 받은 청룡영화제도 37회

지금 가장 떠나고 싶은 여행지 폴란드

좋아하는 시간대 밤 12시부터 새벽 4시까지

마지막으로 울었던 기억 지난주

갖고 싶은 단 하나의 초능력 염력

가장 듣기 좋은 칭찬 잘생겼다

20

고양이 vs 강아지 강아지

메시 vs 호날두 아… 위험하다… 호날두

아싸 vs 인싸 아싸, 인싸? … 아니 아싸

캠핑 vs 호텔 호텔

문자 vs 전화 문자

예능에 출연한다면 〈아는 형님〉 vs 〈나 혼자 산다〉 〈무한도전〉

존 레논 vs 폴 매카트니 폴 매카트니

인터넷 쇼핑 vs 매장 쇼핑 생활용품은 인터넷, 옷과 가전제품은 매장

도서관 vs 미술관 도서관

다시 태어난다면 여자 vs 남자 여자

일주일 동안 이것만 먹어야 한다면 고기 vs 채소 당연히 고기죠, 무슨 소리야

평양냉면 vs 함흥냉면 '필동면옥'을 맛본 이후로 평양냉면

부먹 vs 찍먹 부먹

짜장 vs 짬뽕 짜장

된장찌개 vs 김치찌개 그 집에서 잘하는 거

소주 vs 맥주 맥주

붕어빵 vs 호떡 호떡

후라이드 vs 양념 양념

안전 vs 모험 안전

깔끔해야 마음이 편하다 vs 흐트러져야 마음이 편하다 깔끔해야 편하다

맑은 날 vs 비 오는 날 촬영해야 하니까 맑은 날. 비 오면 안 되니까

아침형 인간 vs 야행성 인간 야행성

쉬는 날엔 집에서 뒹군다 vs 밖으로 나간다 집에서 뒹군다. 거의 안 나갑니다

탈색이란 다시는 하고 싶지 않은 것

어린이 놀이터 화장실 내가 자취를 시작한 이유. 독립해서 대본 연습할 공간이 생겼으니까 더 이상 이용하지 않게 되었죠

5년간의 독립생활 '배달의 민족' 부자 만들기

독립이 나에게 준 건 집이 이렇게 좋은 거구나, 라는 걸 알게 된 것

로버트 드 니로 원래 배성우 형이 좋아하는 배우인데 나도 따라 좋아하게 됨. 뭐랄까, 내가 생각하는 이상적인 연기. 미국 사람치고 절제를 좀 할 줄 아는 사람인 듯

드 니로 영화 중에서는 〈택시 드라이버〉 〈좋은 친구들〉 최근엔 〈인턴〉 〈실버라이닝 플레이북〉

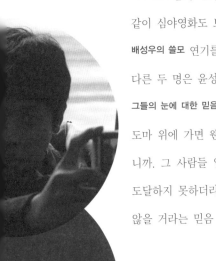

배성우 나이 차이는 좀 나지만 친구 같은 느낌

거의 연인 한때 진짜 일주일에 네다섯 번은 만났죠. 같이 심야영화도 보고, 술도 먹고

배성우의 쓸모 연기를 보는 눈, 연기 평가의 기준점. 다른 두 명은 윤성현 감독님 그리고 김의성 선배

그들의 눈에 대한 믿음 기준점이 진짜 높아요. 그분들 도마 위에 가면 웬만하면 다 연기 못하는 사람이니까. 그 사람들 옆에 있으면 내가 혹 그 기준에 도달하지 못하더라도, 연기의 질이 엄청 나빠지진 않을 거라는 믿음

전학 마니아 고려대 인문학부 05학번, 한예종 영상원 06학번, 전과해서 연극원 09학번 그리고 제적

전설의 유니콘 같은 단편 연출작 〈더 듀오〉와 〈용감한 시민〉 이제 데이터도 없어요. 술 먹고 다 지워버렸어요

〈더 듀오〉 학교 사물함을 터는 혼성 듀오 도둑놈들 이야기. 남자가 여자와 사랑에 빠져서, 일을 그르치는 3분짜리 영상. 싱어송라이터 이랑과 제가 도둑 듀오로 출연

그렇게 짧은 영화라니 333이라고. 세 가지 장소에서 3분 동안, 세 명의 인물로 일어나는 이야기를 만들라는 1학년 1학기 때 학교 과제

〈용감한 시민〉 15~20분 길이의 영화. 어느 집에서 도둑질을 하고 있는데, 그 집에 다른 도둑이 또 든 거예요. 그래서 결국 둘이 집을 반으로 갈라. 너는 여기, 나는 여기. 그러다 시체를 발견해. 알고 보니 거기가 연쇄살인범의 집이었어. 망했다, 하고 나가려는데 누가 들어와. 그래서 숨었는데 연쇄살인범이 어떤 여자를 데리고 들어와. 여자가 오빠 화장실 좀 쓸 게 하더니, 화장실에서 마주쳐. 거기서 여자와 합세해서 연쇄살인범을 제압하고 같이 도망가려는데 여자는 심장 떨려서 못 나가겠다고 해. 도둑들은 도망가고. 살인범은 경찰한테 잡혀가고. 근데 이 도둑들이 다음날 TV를 보는데 여자가 용감한 시민상을 받는 이야기. 그래서 〈용감한 시민〉

본인은 무슨 역할 그때는 그냥 감독만. 그 영화 찍고 나서 이상하다고 연출 못한다고, 영화과에서 엄청 욕먹었죠

섭섭했겠네요 당시 연출과 동기들 작품 중에 조현철의 〈척추측만〉이 있었는데. 기초 워크숍 작품으로 영화제까지 가는 거 보면서 자격지심에 시달리며 조현철을 시기 질투했죠. 결국 연기과로 전과하게 만들어준 고마운 친구

질문 백은하, 황혜성

"뭐 좀 잃어버려가지고요. 그… 이렇게 네모나게 생긴 건데요, 초록색으로…"

영화 〈종말의 바보〉

FACES

룰렛의 개선영

베키 그리고 **박정민이 쓰는 〈파수꾼〉**

여 섯 개 의 얼 굴

베키 〈파수꾼〉

백희준. 그러나 그 이름으로 불린 적은 없다.

이름의 앞 두 글자를 딴 '베키'라는 통통 튀는 별명과 달리 박정민이 연기하는 베키는 늘 그 자리에 그대로 앉아 가끔 난감한 표정을 지을 뿐이다. 박장대소하며 웃지 않고 목소리 높여 화내지 않고 대성통곡하며 슬퍼하지 않는다. 친구들과의 왁자지껄한 소풍에서도, 단짝 친구의 이유 없는 폭력 앞에서도, 죽은 친구 아버지의 갑작스러운 방문에도, 베키는 여자애들의 분위기를 살피거나 이해 불가의 상황을 조목조목 따지거나 흩어진 친구들과 연락할 방법을 모색해줄 뿐이다.

이제훈이 연기한 기태의 생글거리는 살가움과 발작적 분노, 극단적 폭력 행사로 이어지는 감정적인 행보와는 완전히 반대다. 박정민이 연기하는 베키의 얼굴엔 살면서 한번도 무언가를 크게 잃어본 적 없는 사람의 무심함과 무지가 자리 잡고 있다. 어린 시절 가족을 떠난 엄마로 인해 공허함과 콤플렉스를 안고 사는 기태로서는, 다시 태어나지 않고는 돌아갈 수 없는 상태. 기태는 아마도 그런 베키가 부럽고 좋았을 테고, 그래서 조바심이 났을 테고, 결국엔 분노했을 것이다. 그리고 기태가 죽었다. 마침내 베키는 잃었다. 상실의 시대로 진입한 소년은 더 이상 무심한 얼굴로 살아갈 수 없을 것이다.

박정민이 쓰는 〈**파수꾼**〉

이 영화는 지금까지도 영화 자체로서, 그리고 같이 영화를 만든 사람으로서 꽤 깊숙이 제 안에 자리합니다. 그리고 앞으로도 계속 그렇게 남아 있을 거라고 감히 장담합니다. 처음은 늘 설레죠. 모두의 처음이었던 이 영화는, 설렘으로 만들어 용기로 내놓았습니다. 많은 분들이 좋아해주셨고, 덕분에 전 이렇게 아직도 연기를 하고 있습니다. 돌아보면 때로는 포근하게 때로는 꾸중으로 품어주던 〈파수꾼〉은 제목처럼 그렇게 저를 지키고 있습니다.

처음부터 끝까지 그리고 지금까지도 저를 이끌어주시는 윤성현 감독님과,
끝내 못 잊을 기태의 제훈 형과,
대체가 없는 준영과,
특별한 친구 제기와,
초희, 성하 선배님,
그리고 벌써 베키, 정현, 일출 세 인물을 담아준 봉선 형과, 현석 형.
모두가 잊을 수 없는 '박정민의 첫'이고, '박정민의 끝'일 수도 있겠습니다.

여러 산등성이를 오르내리다 뒤를 돌아보면, 높은 봉우리가 처음 그 자리에 우뚝 서 있습니다. 언젠가는 그쪽으로 소리를 질러도 메아리가 치지 않을 날이 올까요. 잘 모르겠습니다. 그저 그 높은 산은 꿋꿋하게 모진 바람과 구름과 비를 막아주고 있습니다.

'이제 괜찮아. 그러지 않아도 난 충분히 강해. 이제 넌 거기서 너로 남아'라
고 위로를 건넬 수 있는 날이 오길 바랍니다. 나의 '파수꾼'에게 그렇게 보
답할 수 있는 그 날이 오기를 전 영원히 기다릴지도 모르겠습니다.

효민 〈들개〉

너무 쉽게 맞춰버린 직소 퍼즐처럼, 너무 일찍 시시해져버린 세상을 확 날려버리고 그냥 엎어버리고 싶다. 박정민이 연기하는 효민은 '조용히 미친놈' 정구(변요한) 앞에 어느 날 툭 떨어진, '대놓고 미친놈'이다. 안전한 집에서 길들여지는 것을 거부하고 밖으로 뛰쳐나온, 정해진 영역에 머물지 않고 어슬렁어슬렁 이 세계를 배회하는 검은 들개. 그의 레이더에 흥미로운 먹잇감이 걸린다. 학창 시절 사제폭탄을 만든 전과로 낙인찍힌 정구는 불발된 폭탄처럼 죽은 듯이 살고 있다. 하지만 효민의 눈에 정구는 제대로 터질 날을 기다리는 시한폭탄이다. "솔직히 짜릿했지? 간만에 옛날 생각도 좀 나고." 효민은 부싯돌 같은 말들로 정구를 자극하고 돌발행동으로 스파크를 일으키고, 마침내 터져버리게 만든다. "사망 신고하고 살면 죽일 것 같지 않냐? 이 땅에서 내 흔적들을 하나씩 하나씩 지워나가는 게 내 목표거든." 정구의 시선에서 본 〈들개〉가 자신의 불온한 욕망의 대리 집행자를 기다려온 초초한 인간의 이야기라면, 효민의 시선에서 본 〈들개〉는 자신을 이 지루한 세상에서 완벽하게 지워줄 사형 집행자를 기다려온 한 권태로운 인간의 이야기다.

효민 그리고 **박정민이 쓰는 〈들개〉**

여　섯　개　의　얼　굴

박정민이 쓰는 〈들개〉

김정훈 감독님을 만났던 어느 날이 문득 기억난다. 키가 크고 얼굴이 하얗고 머리를 짧게 깎은 그는 이 영화의 시작에 대해서 이야기했다.

'이 사람의 겉과 속.'

하얗고 얌전한 그 얼굴을 보면서 이런 생각을 했던 것 같다. 정구는 그의 하얀 얼굴이고, 효민은 그 안의 부글거리는 반항심이 아닐까 싶었다. 난 약간 꽃미남 느낌에 잘생겼으니까 당연히 정구를 하겠구나 했다. 그런데 갑자기 진짜 꽃미남형인 변요한이 나타나 정구를 하게 되고, 난 이름만 꽃미남같은 효민을 하게 됐다.

34

촬영장은 참 추웠다. 훗날 이 영화를 떠올릴 때, '참 추웠던 영화'로 기억하지 않을까 싶었을 만큼 추웠다. 그리고 그 훗날인 지금, 〈들개〉를 '졸라 추웠던 영화'로 기억한다. 장작을 때우고 그 위에 발을 올려놓다가 신발이 녹는가 하면, 난로를 끌어안다시피 하고 가까이 있다가 사흘 전에 큰맘 먹고 산 초록색 노스페이스 패딩을 태워먹기도 했다.

독립영화는 많은 자본이 들어가는 상업영화에 비해 아무래도 환경이 열악할 수밖에 없다. 하지만 그만큼 양해의 폭이 넓어지고, 그 안에서 똘똘 뭉치는 힘이 생긴다. 〈들개〉는 그 힘으로 만들어진 영화가 아닐까. 끊임없이 대화하고(어떤 날은 대화를 하다가 촬영이 취소된 적이 있을 정도로) 그 대화가 영화를 좋은 갈림길로 인도하는 느낌이었다. 감독님과 요한, 그리고 많은 동료 배우와 스태프들이 그 대화를 좋아했고, 그 소통이 우리를 우리로 만들었던 것 같다. 너의 양말이라면 양말주도 마실 수 있었던 우리가 되어 〈들개〉를 수확할 수 있었다.

地圖亞細亞東

몽규 그리고 **박정민**이 쓰는 〈동주〉

여   섯   개   의   얼   굴

몽규  〈동주〉

입구는 윤동주, 출구는 송몽규다. 〈동주〉는 익숙한 배우 강하늘의 손을 잡
고 들어가 낯선 배우 박정민과 조우하는 영화다. 1917년 주권을 빼앗긴 나
라에서 나란히 태어나, 1945년 이국의 차가운 감옥에서 나란히 생을 마감
한 윤동주와 송몽규. 그들은 완전히 다른 형태지만 공평하게 빛나는 재능
을 부여받은 친구였고, 삶의 최후의 균형까지 맞춰버린 비극의 한 쌍이
다. 몽규는 영화 속 대사처럼 "옆에 있으면 같이 타들어 갈" "불나방" 같
은 사람이자, 이준익 감독의 표현대로 "동물적 몽상가요, 행동주의자"였
다. 동주가 고민하며 느리게 그에게 주어진 길을 찾아나간다면, 몽규는 저
지르고 깨지며 빠르게 자신 앞의 길을 개척한다. 하지만 윤동주가 삼척동
자도 알 국민시인인 것과 달리, 송몽규는 거의 알려진 것이 없는 인물이
었다. 송몽규는 역사의 트랙 위에 분명히 존재했던 사람이었지만, 몽규는
영화적으로 새로운 캐릭터였다. 〈동주〉는 그 실존 인물의 첫인상을 박정
민이란 배우의 얼굴을 통해 결정짓는 만만치 않은 작업이었다. 박정민은
몽규에게 문학청년의 과도한 낭만도, 독립투사의 영웅적 비장미도 입히지
않는다. 그보다는 문학의 힘을 믿는 청년의 건강한 활기와 싸우는 투사의
단호한 열정, 부끄러움을 아는 젊은이의 응당한 울분을 통해 몽규라는 인
물의 초상을 담담하고 사려 깊게 그려낸다.

37

박정민이 쓰는 〈동주〉

이 영화에 관해 수많은 말과 글들을 뱉어낸 터라 새로운 말들이 뭐가 있을까 곰곰이 생각해본다. 글쎄. 그저, 틀리지 말아야 한다고 생각했다. 틀리지 않을 수 없다면, 조금만 틀려야겠다고 생각했다.

그렇게 고요하게 바라볼 뿐이었다. 더하지도 빼지도 말아야 했다. 한 편의 영화인 동시에 한 편의 자서전이었고 한 편의 소설이자 한 편의 시였다. 이준익 감독님은 그렇게 두 시간짜리 정성스러운 헌사를 바치셨다. 윤동주 선생에게, 그리고 또 한 명, 기억되지 못했던 이름 송몽규 선생에게 말이다. 어쩌면 송몽규 선생뿐만 아니라, 기억되지 못한 수많은 이름들을 위한 것은 아니었을까 생각한다.

〈동주〉는 점점 잠겨가는 나의 머리채를 잡아챘다. 이제 더 이상 스스로 잠식되지 말라며 강하게 끌어 잡았다. 그건 이 영화가 가진 고요하지만 강력한 힘이었다. 해낸 것에 비해 받은 것이 과도히 많은 작품이라, 이 영화를 생각하면 절로 고개가 조아려진다.

〈동주〉는 꽤 오랫동안 나라는 배우의 수식어였다. 아직도 박정민을 송몽규로 기억하는 분들이 많다. 몇 개의 상을 받았고, 이제 그 트로피들은 색이 조금 바랬다. 과분한 영광은 묻어두고 앞으로 성큼 나아가야 할 테지만 〈동주〉는 분명 〈파수꾼〉만큼이나 날 지탱해줄 영화 중 하나로 남을 것이다.

그 사실에 감사하고 난 또다시 성큼 걸어나갈 것이다.

그리고 먼 훗날, 배우가 아닌 박정민에게도 이 영화는 종종 격려와 꾸중을 보낼 것이다.

진태 그리고 **박정민이 쓰는 〈그것만이 내 세상〉**

진태 〈그것만이 내 세상〉

진태는 '예스맨'이다. 모든 질문에 대한 그의 답은 언제나 "네"다. "형아가 무섭나?" 물어도 "네", "그래도 형 생기니까 좋지" 해도 "네". 그 외 마디 대답은 반응 속도와 음의 높낮이, 톤에 따라 모두 다른 뜻의 '네'가 된다. 하지만 엄마가 보고 싶냐는 조하(이병헌)의 질문에는 어떤 답도 돌아오지 않는다. 진태를 연기하는 배우 박정민은 삼켜버린 침묵과 껌뻑거리는 눈으로 대신 말한다. 어쩌면 가장 진심으로 대답했을, 느리고 낮고 간절한 "예"라는 대답을. 서번트 증후군을 앓고 있는 진태는 웃자란 몸에 어린아이 상태에서 멈춘 지능과 사회성을 가진 인물이다. 대신 피아노 앞에서만큼은 보통 인간의 경지를 뛰어넘는다. 악보 읽는 법조차 모르는 진태는 유튜브를 통해 피아노를 배웠다. 근본도 뿌리도 없는 자체 교육 덕에 그의 연주는 어떤 규칙에도 한계에도 얽매이지 않고 새로운 대지로 신나게 달려간다. 그에게 공연장은 경연을 위한 긴장의 시험대도, 실력을 뽐내기 위한 오만한 무대도 아니다. 그저 밥 먹듯이 치는 피아노를 배부르게 먹고, 친구들의 장단에 박수도 쳐주고, 하늘 위로 날아다니는 음표를 나비처럼 쫓는 즐거운 소풍이다.

그를 바라보는 세상의 편협하고 옥죄는 시선을 제외한다면, 진태는 위장도 대장도 어느 하나 옥죄는 것 없는 이 세상 가장 자유롭고 행복한 사람이다. 그리고 배우 박정민은 진태와 함께 자유로움의 영역을 한 차원 넓히고, 가능성의 옥타브를 한 단계 높였다. 상실과 분노, 좌절과 고통을 탁월하게 담아온 이 배우는 〈그것만이 내 세상〉에서 가장 단순하고 낯선 얼굴로 횡단보도 앞에 서 있다. 복잡할 거 하나 없다. 초록불이 켜지면 건너가면 된다. 게다가 이제는 손을 잡아줄 형도 생겼다.

박정민이 쓰는 〈그것만이 내 세상〉

할 말이 많지만 하지 못할 때가 있다.

내 안에 눌러 담아 다시는 마음 아파하지 않을 날을 기다린다.

이 영화를 통해 받은 것이 많다. 이병헌 선배님과 윤여정 선생님과의 몇 개
월은 죽을 때까지 그 무엇과도 바꾸지 않을 값진 시간이었다. 이 영화를 하
며 만났던 소중한 인연들, 그리고 나라는 배우에게 보내주신 그 과분한 관
심과 애정 또한 나의 모든 것들을 다 내놓아도 아깝지 않을 것들이다. 난
아직도 그때의 사진을 책상 위에 올려두고 그 소중함을 잊지 않으려, 잃지
않으려 애쓴다.

그리고 훗날,

더 이상 마음 아프지 않을 그날에,

또 다른 이야기들을 할 수 있을 것이다.

심뻑 〈변산〉

돈을 보여달라는 TV 프로그램에 나가서 마음을 보여줘버린 래퍼. '어머니'라는 아킬레스건을 건드리자 랩도 절고 인생도 꼬인다. 보여줄 건 노을밖에 없는 고향 변산을 떠나 서울로 올라온 학수는 '심장이 뻑 가는' 무대를 꿈꾸며 래퍼 '심뻑'이 되었다. 두 평짜리 고시원에서 온갖 아르바이트로 버티며 힙합 오디션 프로그램에 "하나 둘부터 넷 다섯 여섯, 횟수를 새겨보니 바를 정에 한일자"를 쓸 만큼 도전했지만, 세상의 관심은 전라도 사투리처럼 '심뻑 심뻑', 뜨뜻미지근하다. 설상가상 한 통의 전화를 받고 내려간 고향에서는 '심장이 뻑뻑'해지는 일들만 연이어 일어난다. 박정민이 연기하는 학수의 얼굴엔 화가 서려 있다. 일도 사랑도 가족도 어느 하나 제대로 축복받지 못했던 자의 오래 묵은 짜증이 배어 있다. 하지만 화는 힙합의 기름이 될지언정 그 음악을 오래 유지시킬 심지가 될 수는 없다. 우연에서 필연이 된 귀향, "꿈속에서도 돌아오기 싫었던/ 아 그냥 고향이라고 부르기 싫었던" 그곳에서 학수는 자신의 화의 근원과 정면으로 마주한다.

심뻑 그리고 박정민이 쓰는 〈변산〉

박정민이 쓰는 〈변산〉

바야흐로 6년 전. 한 청년은 여느 때와 같이 한 여자와 이별을 하고 고통에 몸부림쳤다. 그리고 왜인지는 모르겠지만 갑자기 나고야행 비행기에 올랐다. 나고야의 태양은 선동열이고 바람의 아들은 이종범이니, 그곳의 자연이 한국인으로 이루어져 있어서 끌렸는지도 모르겠다. 뭔가 포근한 느낌? 도시에 대한 정보 하나 없이 자연이 부르는 대로 이끌려 가던 청년은 정말이지 아무것도 할 것이 없었다. 심지어는 젠장, 비는 한국인이 아니었는지 갑자기 자연의 배신 또한 시작되는 와중이었다. 달리 방법이 없던 청년은 돈을 끌어 모아 료칸 하나를 잡는 데 이른다.

기모노를 입은 아주머니가 무릎을 꿇고 이불을 깔아주었고, 마치 무릎으로 걷는 듯 뒷걸음질해 방을 나갔다. 멍하니 있던 청년은 그래도 나고야에 왔으니 나고야성이라도 보고 와야겠다는 일념으로 우산 하나를 사 들고 길을 나섰다. 그리고 깨달았다. 이종범은 바람의 아들일 뿐, 바람은 아니었구나. 비와 바람의 특급 콜라보레이션으로 우산이 산산조각 났고 배낭은 다 젖었고 청년은 '동열이도 없고 종범이도 없는' 김응용 감독의 마음으로 나고야성을 바라보았다. 비바람이 몰아치는데 집 밖에 나와 꽃에 물을 주는 이상한 할아버지를 지나쳐 청년은 료칸으로 돌아왔다. 망했다고 생각했다. 이렇게 되면 남는 것이라곤 대한항공 기내식뿐이라고 생각했다. 뭔가 남겨야 했다. 추억을 쌓고 싶었다.

지나간 연인을 생각하며 눈물이라도 흘려야 한다고 생각했다. 음악을 틀었다. 비트가 흘렀다. 두둠칫 두둠칫. 비트에 몸을 맡기는 청년이었다. 그리고 어느새 흥얼거리기 시작했고 눈 깜짝할 사이에 열여섯 마디의 랩 가사가 나오고야 말았다.

제목은 '물망초'. 나를 잊지 말라는 꽃말의 그 물망초. 눈물이 섞여 번진 잉크와 예쁜 물망초. 그렇게 물망초와 함께 신인 괴물 래퍼가 탄생하는 순간이었다. '켜켜이 묻은 감정을 폐부에서 뱉어내는' 역동적인 래핑과 '꽃밭에 물을 주는 노신사'로 대변되는 메타포와 정박으로 끊어버리는 신랄한 라임과 플로우. 머리가 하얗게 샌 청년은 생각했다. 내년 〈쇼 미 더 머니〉 우승은 어차피 나라고.

그로부터 5년 뒤, 그 래퍼는 〈변산〉이라는 영화를 찍는다.

그리고 그렇게 꿈을 접었다고 한다.

나한 그리고 **박정민이 쓰는 〈사바하〉**

나한 〈사바하〉

세상에 낳아주신 어머니는 나한이라 이름 지었다. 소년원에서 구원해주신 아버지는 광목이라 불렀다. 탈색한 노란 머리에 회색 정비 트럭을 모는 잿빛 얼굴의 남자는, 사람을 죽이러 다닌다. 이 모든 살인이 등불 같은 아버지의 뜻에 따라 행하는 악과 싸우는 하늘의 일이라고 믿는다. 그래서 광목은 차가운 피가 흐르는 광기의 살인마가 아니라 소명을 받드는 경건한 집행자의 태도를 가진다. "죽으십시오"라는 무서운 명령을 '식사하세요' 같은 다정한 권유처럼 건네는 사람. 희생자의 눈을 진심으로 바라보며 "다음 생엔 부처로 태어나시길 간절히 기도하겠습니다"라고 기원하는 따뜻한 사람. 하지만 나한은 춥다. 태어나긴 했지만 그저 도구로 쓰임만 당했을 뿐, 사랑받지도 뿌리내려본 적도 없다. 몸을 누인 기도원 쪽방에서 죽은 소녀들의 울음소리를 들으며 밤새 악몽과 오한에 시달린다. 눈 내리는 시린 아스팔트 위에서 나한이 박 목사(이정재)에게 마지막 숨을 토하며 내뱉은 말은, "추워…"였다.

박정민이 쓰는 〈사바하〉

텔레비전에 내가 나왔으면 정말 좋겠다고 생각한 적이 있었다. 얼마나 텔레비전에 나오고 싶었는지 고등학교 시절, 성적이 형편없어 선생님에게 꾸중을 듣는 역할로 뉴스에 나오기도 했었다. 다분히 설정된 상황이었지만 나도 모르게 주눅이 든 건 무슨 이유였을까. 당시 상담을 해주던 담임 선생님의 연기에도 로버트 드 니로 못지않은 진정성이 담겨 있었다. 도대체 이유를 모르겠다. 어쨌든 그렇게 시간이 흐르고.

텔레비전에 나오고 싶던 나는 (성적 때문은 아니고) 배우가 되었다. 배우가 되고 나니, 이제는 나오고 싶은 영화가 생기기도 했다. 저런 영화에 나오고 싶다. 나도 저런 영화를 찍어보고 싶다. 뭐 그런 생각들 말이다.

그리고 아마도 〈사바하〉가 그런 영화 아니었을까 싶다. 내가 출연하지 않은

저 영화를 보고 있노라면 그 안의 배우들이 참으로 부러울 것 같았다. 새롭고, 영화적이며, 질문이 있고, 고민이 가득 찬 영화라니. 그야말로 내 얼굴을 조금이라도 비춰보고 싶은 영화가 아니었을까 싶다. 뉴스에선 유난히 추운 겨울이 될 거라고 예고했지만, 문제 될 건 없었다. 이런 영화는 또 추울 때 찍어줘야 제맛 아니겠는가. (물론 추워지고 나니 생각이 조금 바뀌긴 했다. 사람은 망각할 줄 알아서 위험한 동물이다.)

감독님을 처음 만났을 때, 나는 작은 탄식을 내뱉었다. '이 사람이 감독은 아닐 거야. 이렇게 작고 귀엽고 양스러울 리 없어.' 하지만 정말 감독님이었고 자신은 모조리 고쳤다고 장담하는 사투리를 연발하며 영화 이야기를 쏟아냈다. 감독님과 시간을 보내면서 어느 순간 이 분을 믿게 되었다. 역시 종교는 장재현이다. 직접 현장에 가서 시나리오를 쓰고, 영화를 위해 1년 가까운 시간 동안 강의를 듣고, 소재와 관련된 자료와 책을 몽땅 읽어가며 작품을 준비하는 사람을 믿지 않기란 여간 어려운 일이 아니었다.

젊은 영화인들과 함께하며 우리가 옳다고 생각하는 것을 믿고 과감한 선택을 해나가는 과정이 참 즐거웠다. 그런 즐거움을 배운 현장이었다. 현장에서 달고 살았던 "나 지금 영화 찍고 있는 것 같아"라는 말은 조금 오그라들 수 있지만 진심이었으며, 나는 그렇게 몇몇의 사람들은 부러워했을지도 모르는 영화에 얼굴을 비쳤다고 자부한다. 아주 소중하고 사랑스러운 영화를 내 앨범에 꾹꾹 눌러 남기게 된 것이다.

51

"그냥.... 추위 보여"

영화 〈사마하〉

BEATS
부스 안의 협박전화 〈들개〉

성냥이라 생각했는데, 알고 보니 화약고를 건드렸다. 남몰래 사제폭탄을 만들어 그것을 대신 터트려줄 '집행자' 후보들에게 발송하던 정구(변요한)는 최근 폭탄을 보낸 수신자 효민(박정민)의 뒤를 밟는 중이다.

자신에게 도착한 의문의 택배 상자를 가방에 쑤셔 넣고 유유히 어디론가 걸어 가던 효민은 돌연 공중전화 부스로 들어간다. 그리고 경찰서로 전화한다.

"두 번 얘기 안 하니까 잘 들으세요. 12월 3일 택배 폭탄
사건 범인입니다. 오늘 16시 정각에 홍대입구역 8번 출구
앞에 있는 쓰레기통에 현금 3억이 든 가방 넣어놓으세요.
그렇지 않으면 16시 05분 서울 시내 주유소 중 한 곳이 폭
발합니다."

목소리 변조를 위해 몸을 숙이고 입을 가린 채 수화기를 들고 있던 효민은 갑
자기 옆 전화부스로 들어온 정구 쪽으로 몸을 돌린다. 그리고 당황해 뒤돌아선
정구의 뒤통수를 뚫어져라 쳐다보며 계속 폭탄 테러 예고를 이어간다.

"만약에 주유소를 수색하는 경찰이 한 명이라도 눈에 띄면
마찬가지로 주유소는 폭발합니다."

미끼를 놓고 기다린다고 생각했는데 정작 그 갈고리에 코가 꿴 건 정구
다. 두 개의 전화박스, 4제곱미터 좁은 공간에서 이루어진 즉각적인 헤게
모니의 전복. 이제 지문 없는 검은 귀신은 정구를 끝까지 질질 끌고 다니
게 될 것이다. "형 어디가?"라고 살갑게 물으며. 이 36초의 비트를 통해

박정민은 막연하게 이상한 놈 같았던 효민을 명확하게 무서운 놈으로 만

든다. 그리고 "순진한 척"하는 걸 싫어하는 평소 태도답게 전화부스를 나

가며 "아, 씨발 존나 멋있어"라는 자기도취의 감탄을 내뱉는다. 시민의 안전

을 협박하는 무작위의 테러 경고가 아니라 바로 눈앞의 너에게 직격으로

보내는 메시지. 사방으로 퍼지는 거대한 굉음의 폭탄이 아니라, 분명한 표

적을 향해 발사된 빠른 탄알 같은 비트다.

57

비트(Beats)란?
연기 목적을 달성하는 행동의 조각. 예를 들어 '눈물이 차올라서 고갤 들어'처럼 슬픔이라는 감
정의 전달은 고개를 드는 행동의 '비트'로 완성된다. 러시아 연출가이자 연기 교육자였던 콘스
탄틴 스타니슬랍스키(Konstantin Sergeevich Stanislavsky)가 정의한 연기 행동(action)의 최소 단위
'кусок'(한 조각). 이후 스타니슬랍스키의 초기 시스템과 방법론을 적용시킨 미국 현대 영화인들이
'Beat' 혹은 'Bit'로 번역해 사용했다. 배우의 성취를 연구, 분석하는 액톨로지(Actorology)는 연출과
카메라, 편집의 단위인 숏(shot) 혹은 신(scene) 대신 '비트'를 그 단위로 사용하고자 한다.

PARKJEONGMINOLOGY

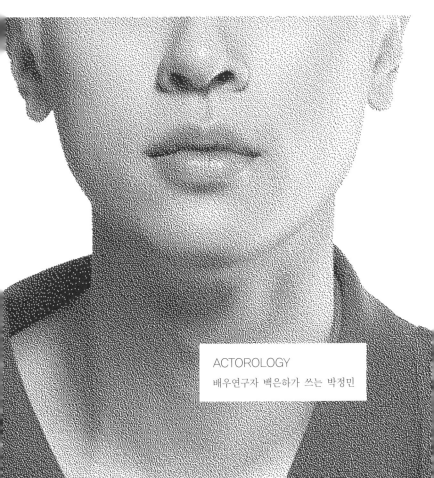

ACTOROLOGY

배우연구자 백은하가 쓰는 박정민

해석의 흔적을 들키지 않는 치밀한 연주자

박정민은 도치법으로 말하고 있었다. 예를 들면 이런 식이다.

"정신을 잃었어요, 제가. 놓은 거예요, 정신을."

"안 슬퍼요, 하나도. 아까 다 쓴 거예요, 눈물을."

인터뷰 중에는 미처 인지하지 못하다가, 녹취를 정리하는 동안 새삼 발견된 이 반복적인 말의 정렬이 흥미롭게 느껴졌다. 그러고 보니 영화 속 스쳐 가는 대사에서도 그는 같은 방식으로 말하고 있었다.

"그래도 이렇게 얼굴이라도 뵙네요, 오랜만에." (《사바하》)

아버지에 대한 믿음이 흔들리는 '지국'(지승현)을 찾아가 열반을 권하는 '광목'(박정민)의 비트. 이 대사는 시나리오 상에는 '그래도-오랜만에-이렇게-얼굴이라도-뵙네요'의 순서로 쓰여 있다. 문장의 요소를 더하거나 뺀 것이 아니고 서술의 흐름만 바꾸었다. 대사가 전달해야 하는 큰 목적을 훼손하지 않으면서 말의 리듬과 강조점은 달라진다. 이런 변주는 "대사를 시나리오에 쓰인 대로 달달달 외우기보다 맥락을 파악하는 데 중점을 두는" 이 배우의 연기 방법에서 기인했을 것이다.

박정민은 개그맨들이 성대모사를 탐낼 만한 특징적인 말투를 가진 배우는 아니다. 차별화된 음색이나 시그니처가 될 수 있는 사투리도 없다. 대사의 고저 변화도 드라마틱하지 않고, 화려한 추임새나 호흡을 더하지도 않는다. 대신 배우 박정민에게선 감지된다. 말의 순서를 가지고 노는 생생한 리듬이.

두산백과사전은 '도치법'에 대해 이렇게 설명한다. "도치법을 쓰면 문장에 생동감을 주게 되는데 … 대체로 시에 많이 쓰인다." 어쩌면 박정민은 줄곧 시의 방식으로 말하고 있었는지도 모르겠다. 아름다운 문장, 생경한 미사여구를 동원하기보다는 일상에서 매일 쓰는 흔하고 너른 말로 쓰는 시. 박정민의 한때 필명이자, 연재했던 칼럼의 타이틀은 '언희'(이를 따라 그의 팬카페의 이름도 'Honest 박정민'이다)였다. 언희(言喜), 말로 기쁘게 하는, 말의 기쁨을 아는 이 배우는 의식과 무의식, 이유와 본능이 뒤섞인 순서와 리듬에 따라, 박정민만의 언어를 영화 위에 쓰는 중이다. 정박의 노력 위에 즉흥의 비트를 섞어, 때론 시처럼 때론 음악처럼.

61

개화파의 마음과 실학자의 태도

2019년 초, '넥스트 액터'의 첫 배우가 되어달라는 제안을 하기 위해 연락했을 때, 그는 직접 배우연구소로 찾아오겠노라고 했다. 약속 시간에 맞쳐 주차장을 비워놓고 기다리고 있는데 귀여운 경차가 털털털 달려왔다. 운전석에는 단무지 같이 노란 머리에 라면처럼 호일펌을 한 청년이 앉아 있었다. 수동 모닝은 약간 경사진 주차장 골목을 힘겹게 올라왔다. "그래 도 연비가 최고예요." 공식적인 스케줄을 진행할 때는 당연히 매니지먼트 사가 관리해주지만 보통은 혼자 움직인다. 대부분 지방에서 이루어지는 영화 촬영 역시 혼자 다니는 걸 더 선호하는 편이라고 했다. 동네에서는 스쿠터를 몰고 다닌다. '넥스트 액터' 트레일러 촬영 역시 망원동을 가로 지르는 박정민의 스쿠터 덕에 뚝딱뚝딱 빠르게 이루어졌다. 자유롭고 빠 른 결정과 구체적인 실천력은 이 배우에게 보다 넓고 다양한 풍경을 선사 했다. 특히 〈변산〉 홍보에 참여하는 박정민의 자세를 지켜보면 배우에게 한 편의 영화를 끝내게 하는 것이 비단 카메라 앞에서의 '컷' 사인만은 아님을 깨닫게 된다. 개봉을 앞두고 공정처럼 이루어지는 라디오, TV 출 연, 각종 홍보 활동과 인터뷰, 관객과의 만남은 기본이었다. 박정민은 시 키지 않는 일도 찾아내서 하는 사람이다. 연출, 기획, 출연, 편집, 의상, 소 품, 랩, 안무까지 담당한 〈변산〉 개봉 기념 뮤직 비디오 '히어로'는 김고 은, 고준 같은 동료 배우들도 모자라 "혈기 왕성한 육십 살 준익이형"까 지 동원해 만들어낸 한바탕 잔치 같은 피날레였다. 열려 있고, 실용적이 고, 허례허식 없는 청년. 어느 현장에서든 이런 배우를, 이런 동료를 마다 하기란 어려울 것이다. 개화파의 마음과 실학자의 태도, 기동성 넘치는 움 직임이 배우 박정민의 꿈을 행동으로, 이상을 현실로, 기대를 증명으로 만 들어낸다.

'참을 인' 자를 몸에 새기며

박정민은 요령이 없다. 어차피 지름길이 없다는 걸 본능적, 경험적으로 익힌 그는 매번 길고 고된 정석의 길을 택한다. 꼼수를 부리지 않고 달려드는 탓에 '무식하게 덤빈다'는 걱정도 종종 들을 정도다. 〈전설의 주먹〉에서 고등학생 '복싱 천재' 임덕규 역을 연기하기 위해 3개월 넘게 도장에서 살다시피 했다. "연기력 대신 권투 실력만 얻었다"는 자조 섞인 농담을 던지기도 하지만 그 덕에 영화 속 청년 덕규의 주먹과 눈빛은 벨 듯이 날카롭게 스크린을 가른다. 〈변산〉에서는 OST 거의 전 곡의 랩 가사를 썼고, 도끼, 더콰이엇, 던밀스, 매드크라운 같은 진짜 래퍼 앞에서 무대에 올랐다. 〈타짜: 원 아이드 잭〉을 위해서는 눈 감고도 카드를 칠 수 있는 손을 만들었다.

〈그것만이 내 세상〉의 진태는 서번트 증후군의 천재적인 피아니스트다. 신체적, 사회적 장애를 지닌 캐릭터를 연기하기 위해 배우들은 복잡한 층위의 미션을 동시에 수행해야 한다. 손이 보이지 않을 정도의 피아노 연주라는 기술적 물리적 시험대 위에 자신의 표현 방식이 장애인을 희화해서도, 그들을 불편하게 만들어서도 안된다는 심정적 윤리적 위험 부담을 동시에 안고 가야 한다. 하지만 이런 리스크는 준비 단계이자 기본값일 뿐이다. 진태는 캐릭터의 언어능력 때문에 카메라 앞에서 쓸 수 있는

63

대사가 극도로 제한되고, 신체 활용의 한계도 분명한 역할이었다. 피아노를 치는 동시에 스마트폰으로 스트리트 파이터 게임을 하는 놀라운 멀티태스킹 능력을 가졌던 진태처럼 배우 박정민에게도 몸이 수행해야 하는 미션과 마음으로 전달해야 하는 미션이 '멀티'로 찾아왔다. 그런 진태를 연기해야 했던 배우 박정민의 세상은 한동안 홀로 걸어야 하는 긴 터널이었다. 〈그것만이 내 세상〉은 자신의 능력에 대한 안팎의 의심과 믿음이 엎치락뒤치락했던, '참을 인' 자를 상징이 아니라 진짜로 몸에 새겼던 영화였다.

노력의 천재, 박정민

박정민의 이런 고통의 흔적은 정작 영화의 표면에는 전혀 보이지 않는다. 그것은 진태라는 캐릭터에 대한 미화가 아니라 해석이었다. 봉사활동을 하며 실제로 만났던 자폐증 아이들은 남들이 보기엔 부족할지 모르겠지만 그들 안에서는 너무나 행복한 사람들이었다. "행복한 웃음 짓는 그 친구들이 너무 예뻐서" 그 예쁜 아이들의 행복한 기운만을 보여주고 싶었다. 결국 이런 박정민의 해석은 진태라는 캐릭터를 감싸는 견고한 마지막 레이어가 되어 관객들을 만났고, 〈그것만이 내 세상〉은 때론 능청스러워 우리만큼 천진한 진태의 웃음으로 기억되는 영화로 완성되었다. 배우가 캐릭터에 접근하기 위해 신체를 연마하는 작업은, 그들이 펼치는 영화 속 감정의 퍼포먼스에 비해 당연시되거나 폄하되는 경향이 있다. 그저 '고생

했네'라고 말한다. 조금은 걱정되는 눈빛으로, 조금은 미안한 웃음으로. 하지만 신체를 동반하지 않는 감정은 마치 언어를 배우지 않은 자들에게 달변을 요구하는 것과 같다. 시간과 노력이 결코 부족한 결과의 변명일 순 없겠지만, 시간과 노력만이 가져다 줄 수 있는 성취가 있음을 배우 박정민은 분명히 알고 있다. 처절한 해석의 흔적을 들키지 않는 치밀한 연주자, 배우 박정민. 래퍼 매드클라운의 표현을 빌리자면, 그는 '노력의 천재' 다.

볼수록 볼 만한 인간, 쓸수록 쓸 만한 배우

소년에서 청년으로, 독립영화에서 상업영화로, 기다리는 배우에서 움직이는 배우로. 지난 10년, 바쁘게 땅을 다지고 집을 지었다. 그리고 이제 막 박정민이라는 이름의 문패를 매달았다. 앞으로 이 집의 시간은 어떤 다채로운 풍경으로 채워지게 될까? 어떤 듣지도 보지도 못한 리듬들로 들썩이게 될까? 명석한 두뇌를 태만으로 좀먹지 않고, 노력으로 연마한 기술을 기동성 넘치는 행동력으로 증명하는 배우 박정민.

궁금하다, 선택이. 기대된다, 다음이. 볼수록 볼 만한 인간, 쓸수록 쓸 만한 배우 박정민의 영화가.

"…붉은빛의 고향을 떠나 보낸 붉은 조명 아래 시간
묽은 향수는 한 순긴 흩어지는 굵은 한숨으로 사라져
그래도 향수병은 그대로 남아 끝내 지워지지 않아 저기
해가 지는 동네 바람부는 곳 내 아버지가 사는 빛과 어둠의 경계
애써 등져야만 했던 그와 그곳이 건넨 금목걸이
그 마른 화해의 인사 등돌린 시간이 미안해서
묵묵하게 적어 내려 내 고향은 폐항 내 고향은 가난해서
보여줄 건 노을밖에 없네 …"

'노을' (박정민 작사·랩), 앨범 〈Byunsan Monologue〉

BEATS

회한과 치욕의 서명 〈동주〉

갑자기 날아온 따귀에 몽규의 안경이 저만치 날아가버린다. "문명국의 합법적인 절차" 운운하며 죄목을 인정하는 서류에 서명하라 종용하던 일본인 고등형사(김인우)에게, 미개한 국가의 열등감을 숨기기 위한 "명분과 절차에 기대는 요식행위" 아니냐며 호기롭게 맞선 대가다.

박정민이 연기한 〈동주〉의 몽규는 기쁨도 분노도 크게 드러내지 않는 캐릭터다. 신춘문예에 당선이 되어도 "하나님은 원래 원치 않는 건 쉽게 주시나보다"며 덤덤하게 반응하고, 만신창이가 되어 감옥에 갇힌 상태에서도 면회 온 동주(강하늘)를 보며 "일 없다"라고 웃던 사람이다. 하지만 취조실의 형사가 들이미는 한 장의 종이를 받아 든 몽규의 감정은 급속도로 표면 위로 솟구쳐 이내 한계치를 넘어버린다.

"재일조선인 유학생들을 규합, 사상
교육을 시키고…"

"내가 제대로 했어야 됐는데."

"비밀리에 조선어
문학과 서적을 유통
시키며…"

"내가 이렇게 못해서
한스럽다."

"징집령을 이용하여 조선인
반군 조직을 결성해서 활용
할 군사적 계획을 지시했으
며…"

"이렇게 됐으면 얼마나 좋았을까."

세부 죄목을 일본어로 한 줄 한 줄 읽어 내려가는 분노의 울부짖음은 우리말로 내뱉는 한탄스러운 자책과 서로 메아리처럼 반사되며 점차 격앙되어간다. 박정민은 한때 몽규가 품었던 희망과 줄곧 몽규가 행했던 싸움, 지금 몽규가 맞닥뜨려야 했던 절망을 자문자답의 형태로 구성된 드라마틱한 1분 36초의 비트 속에 절개선 없이 이어 붙인다. 적을 향해 쏜 분노와 자신을 향한 회한, 민족을 향한 참회는 어느덧 터져버린 오열 속에 애초의 행선지를 잃고 서로 뒤엉키다 결국 몽규 스스로에게 모두 돌아간다. 그렇게 "내가 이렇게 못 한 것이 한스러워, 내가 이렇게 하지 못한 것이 괴로워서, 내래(내가) 서명을 한다"며 자신의 이름 석 자를 종이 위에 치욕스럽게 써 내려간다. 어두운 감옥, 수갑에 묶인 식민지 청년이 할 수 있는 건 서명밖에 없다. '시대처럼 올 아침'이 바로 목전인데 말이다.

"동주야, 가자 동주야"

"먼저 가, 시모노세키에서 보자"

영화 〈동주〉

INTERVIE

"제 유행어가 '무조건 오케이 받고 한 번 더!' 예요."

INTERVIEW

박정민의 시작 ──────────────

"〈파수꾼〉이 없었다면 저는 영화 못 찍었을 거예요. 지금까지 영화배우라는 타이틀도 없었을 거고요. 80% 정도 장담해요."

데뷔작 〈세상의 끝〉2007부터 가장 최근작 〈시동〉2019까지 단편 8편, 장편이 23편. 그동안 정말 열심히 살았네요.

아이고, 뭐가 그렇게 많죠? 고맙게도 찾아주시는 분들이 그때부터 지금까지 계속 있었네요.

어느 시점까지 오디션을 통해 선택받기를 기다려야 했나요?

〈순정〉2016까지? 그 전에는 오디션을 계속 봤어요. 그런데 오디션 봐서 캐스팅된 적이 거의 없어요. 오디션은 정말 짧은 시간 안에 짧은 대본으로 모르는 사람 앞에서 나를 설득시켜야 하는 작업이잖아요. 분노하고 화내는 연기나 감정적으로 격한 표현을 안 하고 저는 그냥 저대로 차분하게 했거든요. 그래서 눈에 별로 안 띈 건가 싶기도 하고. 어느 순간, 어차피 안될 거 오디션 보는 게 싫어지더라고요.

오디션이라는 과정 자체에 대해서 전반적으로 회의가 있군요.

개인적으로는 그랬죠. 원한이었나?(웃음)

하지만 제작자나 감독 입장에서는 오디션 같은 과정이 필수적이지 않을까요?

인정. 한 영화에 워낙 많은 인물들이 나오니까요. 오디션이 없으면 시도조차 해보지 못하는 수많은 배우분들도 계실 테고요. 그런데 좋은 배우를 단 몇 분의 연기로 가늠한다는 건 아주 어려운 일이라고 생각해요. 오디션으로 보석 같은 배우를 찾는 경우도 있지만, 그 과정에서 유실되는 인재들은 또 얼마나 많겠어요. 원한이 깊은가, 내가.

그럼 어떻게 만날 수 있을까요? 좋은 배우를.

작품을 많이 볼 것 같아요. 독립영화, 단편영화 같은거 많이 보고. 물론 감독님들 제작자님들도 많이 보고 눈여겨 두시는 배우들이 있을 거예요. 저도 〈파수꾼〉2011에 캐스팅된 게 윤성현 감독님이 3년 전에 보신 단편 〈세상의 끝〉을 잊지 않고 있다가 저한테 전화를 한 거였으니까.

만약 〈파수꾼〉이 없었다면?

저는 영화 못 찍었을 거예요. 지금까지 영화배우라는 타이틀도 없었을 거고
요. 80% 정도 장담해요.

선택받지 못하고 있던 시간 동안, 조바심은 없었어요?

없는 척 하지만, 없을 수가 없죠. 이러다가 언제 고꾸라져버릴지 모르니까.
내가 포기해버릴지 모르니까. 그래서 그때는 뭐라도 하나 더 하려고 막 그
랬던 것 같아요. 이건 도저히 못 하겠다 하는 게 아니고서는. 웬만하면 그
냥, 좋은 마음으로 다 했던 것 같아요.

그런데 좋은 의도가 항상 좋은 결과나 좋은 과정을 낳지는 않잖아요.

그러니까요. 그게 아니더라고요. 〈동주〉2016를 만나기 전에는 작품을 할 때
그랬거든요. 와! 이건 진짜 절호의 찬스야. 더 넓은 인지도 혹은 인기? 이런
것들을 기대하거나 고려하고 영화를 선택했죠. 그런 작품들은 결국 인지도
도 인기도 또 다른 기회도 선물해주지 않았어요. 그런데 〈동주〉는 전혀 그
런 마음으로 선택한 영화가 아니었거든요. 어쩌면 이 작품이 내 마지막 영
화가 될 수도 있다고 생각했으니까.

각오가 그랬다는 건가요? 진심으로 그렇게 생각했어요?

진심으로 저는 유학 가려고 했어요. 아무것도 정해지지 않았지만, 아무튼
영국에 가서 영어를 배우든지, 뭘 해보자. 얼마가 필요하고 어디가 좋고 다
알아봤어요. 그러던 와중에 〈동주〉 시나리오를 주신 거예요. 그래서 이 영
화까지 하고 가자, 했죠. 그리고 〈파수꾼〉이 그랬던 것처럼, 〈동주〉는 다른
영화나 드라마가 선물해주지 못한 것들을 저에게 주었죠.

박정민의 얼굴 ────────────

"못생겼다고 말하기가 애매한, 되게 촌스럽기도 하고. 엄청 곱슬머리에다가 큰 눈도 아니고 쌍꺼풀도 이상하게 있고 코는 엄청 크고 콧구멍도 엄청 크고 입술도 두껍고."

배우에게 있어서 클로즈업은 중요하죠. 특히 영화에서는. 카메라에 잡힌 자기의 얼굴이 조금씩 변하고 있다는 느낌을 받나요?

많이 받아요.

어떤 변화가 있어요? 스스로 평가하기에?

배우를 하고 싶어했지만 배우가 되기 굉장히 어려운 얼굴이라고 생각을 했거든요. 요즘에도 그런 생각을 안 하는 건 아니지만. 그러니까 딱 우리 아버지 젊었을 때 사진 같은 '옛날 얼굴'이랄까. 영화에 나오는 내 얼굴을 보면 되게 힘들었어요. 〈파수꾼〉 때도 참….

"제 유행어가 '무조건 오케이 받고 한 번 더!' 예요."

뭐가 마음이 아팠어요?

그러니까 저게 못생겼다고 말하기가 애매한, 뭐라고 해야 될까. 되게 촌스럽기도 하고. 진짜 어느 하나 장점이 없네… 그런 생각을 했던 것 같아요. 엄청 곱슬머리에다가 큰 눈도 아니고 쌍꺼풀도 이상하게 있고 코는 엄청 크고 콧구멍도 엄청 크고 입술도 두껍고.

그렇다면 계속 영화를 할 용기는 어디서 난 거예요? 만약에 본인이 정말 그렇게 생각했다면.

그런 얼굴임에도 불구하고 써주시는 분들이 있으니까 다행이다, 하고 계속 해온 거죠.

점점 보기 좋은 얼굴이 되어가고 있는 것 같아요?

옛날보다는 나아진 것 같죠. 영화를 찍다 보면 캐릭터에 맞게 얼굴을 바꿔줘야 하잖아요, 어쨌든. 못생기지는 않아야 하는 역할도 있는데, 나는 내 얼굴이 좋아! 자연스러운 게 좋아! 하고 아집을 부리면, 민폐죠. 내 눈만 중요한 게 아니고, 많은 사람 보라고 만드는 게 영화니까. 점점 카메라 앞에서 모습을 체크하다 보니 관객들에겐 배우의 얼굴도 중요하겠구나, 하는 깨달음을 얻었어요. 그렇다고 제가 영화 찍을 때마다 관리해서 샤방샤방하게 나올 순 없겠지만요.

〈파수꾼〉에서 "나한테 언제부터 선택권이 있었냐?" 같은 대사를 비롯해 영화에서 굉장히 분노할 만한 상황에서도 표정 변화가 큰 편은 아닙니다.

그러지 않으려고 해요. 그러니까, 겉으로 표현하지 않으려고 하는 거죠.

79

'표현을 하는 순간 들킨다'라고 생각을 해요. 사람들이 화를 낼 때 그렇게 표정 변화가 많을까요? 게다가 영화를 보는 사람들은 이미 알고 있잖아요. 저 새끼가 빡칠 상황이라는 걸.

하하하.

이미 설명하고 있어요, 영화 자체가. 쟤는 화가 났어, 지금 화가 나는 상황이야. 정보가 이미 들어가 있는 상황에서 배우가 얼굴로 감정으로 화를 막내고 있으면 과연 관객이 거기에 대한 동질감을 느낄까? 그런 생각을 했을 때 저는, 아니다 쪽에 항상 표를 던지거든요. 제가 생각할 때 보통 사람들은 감정 표현을 잘 안 해요. 감정이 없는 게 아니지만, 특히 우리나라 사람들은 화가 나도 화를 참으려고 하고 슬프면 슬픔을 참으려고 하고. 뭔가 감정을 다 참으려고 하잖아요. 있는 그대로 다 표출하지 않는다는 말이죠. 너무 신나도 이 상황이 편하지 않으면, 그 기분 좋고 신나는 걸 잘 드러내지 않잖아요. 그래서 저는 그렇게 표현하는 게 맞지 않을까 하는 생각이 들어요.

어느 순간 카메라 앞에서 내가 내 얼굴을 잘 쓰고 있구나, 하는 생각을 하나요?

그게 여전히 참 어려워요. 아마 모든 배우분들이 어렵지 않을까 싶어요. 카메라를 의식하면 자연스러운 의식의 흐름이 순간순간 끊길 때가 있어요. 상대 배우에게 집중해서 연기를 하다가도 '아, 여기 서면 카메라에 안 보이니까, 좀 더 각도를 열어줘야겠다' 하는 식으로 위치를 조금씩 옮겨주는 것까지 생각해야 하거든요.

그런 기술이 아주 뛰어난 배우들이 있죠.

네, 엄청. 많으시죠. 물론 가장 중요한 건 앞에 있는 사람에 대한 나의 연기겠죠. 나의 리액션이라든지 나의 감정이라든지. 옛날에는 상대 배우만 중요하다고 생각하고 그쪽만 보고 연기했는데 이제는 상대에 대한 집중을 풀지 않으면서도 카메라의 움직임에 따라 살짝 움직여주는 것들이 조금씩 되는 것 같아요.

81

박정민의 몸 ——————————————

"시간밖에 없죠. 랩도 피아노도 권투도 카드도. 한번 몸에 익혀놓으면 이미 몸이 외우고 있으니까 그 위에서 비로소 연기를 할 수 있는 거예요."

"정민이는 참 열심히 하지." 이 말을 영화계 사람들에게 많이 들었어요. 물론 열심히 안 하는 배우가 누가 있겠냐마는, 박정민은 복싱, 피아노, 랩 까지 뭐든 습득 속도가 빠르고 몸에 착 붙여 단련시키는 사람이랄까.

〈전설의 주먹〉2013도 그렇고 〈그것만이 내 세상〉2018도 그렇고 〈변산〉2018도 그렇고 〈타짜〉2019도 그렇고. 그렇게 육체적으로 단련시켜놓는 것이 결국 저의 감정에 엄청 도움이 돼요. 그 근육을 단련시켜놓지 않으면 카메라 앞에서 몸 움직이다가, 합 맞추다가 다 끝나버리거든요. 하지만 한번 몸에 익혀놓으면 이미 몸이 외우고 있으니까 그 위에서 비로소 연기를 할 수가 있는 거예요. 〈그것만이 내 세상〉 준비할 때는 피아노 연습 말고도, 친구들이 저한테 '왜 그렇게 걷냐'고 그랬었어요. 평소에 생각날 때마다 영화 속 진태처럼 걷는 거예요. 몸에 붙여놓으니까 촬영할 때는 굳이 걸음걸이에 신경 쓰지 않아도 캐릭터의 감정에 집중해서 연기를 할 수 있었죠. 〈변산〉 때 랩 가사도 이미 다 외워놓고 자동으로 입에서 나오고 있어야 되는 거예요. 그래야 숏 들어갔을 때 연기만 할 수 있거든요. 〈타짜〉에서도 카드는 그냥 손에서 기계처럼 놀아야 상대배우 보면서 연기를 할 수 있어요.

물론 그게 정석이고 배우들은 다들 저렇게 하는 거지, 그렇게 생각할 수 있지만 결코 쉬운 과정은 아니잖아요. 실제로 생전 피아노 한번 안 쳐본 사람이 어떻게 6개월 안에 피아노를 〈그것만이 내 세상〉처럼 칠 수 있겠어요. 노하우라면?

시간밖에 없죠.

시간?

네, 카드도 랩도 피아노도 권투도. 다 투자하는 시간밖에 왕도가 없는 것 같아요. 그걸 제가 원래 할 수 있는 사람이 아니었으니까요. 예를 들어 CG를 해줄 수도 있죠. 피아노나 카드 치는 건 CG로 처리해줄 수 있겠죠. 사실 CG로 해도 무방하고 큰 차이도 없는데….

그런데 진짜로 하고 싶은 거죠?

네. 왜냐면, 피아노 치고 있는 손에서 컷 없이 그대로 카메라가 올라왔는데 그걸 진짜 치고 있는 배우의 얼굴이 있으면 그 신에서 관객이 느끼는 에너지가 다르단 말이에요. 〈라라랜드〉나 〈샤인〉에서 배우가 진짜 연주를 하고 있으면, 그 순간 관객들은 다른 경지의 감동을 받죠. 정말 저 배우가 한 거라고? 그 기쁨을 놓치지 못하겠어요. 영화만이 줄 수 있는 임팩트라는 게 무시 못 하는 거니까.

한번 몸에 익힌 기술은 오래 기억하나요?

다 까먹어요. 빠르게 배운 건 빠르게 까먹어요.

박정민의 목소리 ————————————————

"말이란 것이 굉장히 중요하다고 생각이 드는 게, 그 말… 관객들은 그 말에 귀를 기울이고 있잖아요."

〈동주〉는 확실히 음성의 영화였던 것 같아요. 사소한 대사들 하나까지도 목소리나 톤에 엄청 고민한 흔적이 묻어 있어요.

저는 말이란 것이 사실 영화에서 참 중요하지 않으면서 한편으로는 굉장히 중요하다는 생각이 드는 게, 그 말… 관객들은 그 말에 귀를 기울이고 있잖아요. 그래서 대사가, 대사의 전달이 중요하다고 생각해요. 그런데 저는 그 대사를 잘 외우지 않을 때도 있어요.

왜요?

왜냐면, 달달달달 외우면 대사가 어색해
져요. 만약에 "내 글은 금방 잊힐 거다"
라는 대사가 있으면 '글' '잊힐 거야' 정
도의 맥락만 외워놓는 거예요. 시나리오
에 있는 글자 그대로 대사를 외워버리
면, 카메라 앞에 서서 그냥 글씨의 까만
색이 떠올라요. 시선은 상대 배우를 보
면서, 머릿속으로는 떠오르는 글자를 한
자 한 자 읽고 있으니 어색해지는 거죠.
'토씨 하나도 틀리면 안 돼' 하는 감독

을 만난다면 모를까, 보통은 맥락을 정확하게 외워놓고 상대에게 말을 한다
고 생각해요. 그러면 계산해서 하지 않아도 볼륨 조절이 자동으로 되죠. 학
교 연기 수업에서는 볼륨을 7, 6, 3, 2로 리듬을 빠방 빱 빱 빠바 밥. 뭐 이
렇게 배워요. 근데 그건 별로 안 좋다고 봐요. 이 문장은 빠르게, 여기서는
느리게, 이건 볼륨 8, 이건 볼륨 3. 아는 사람들은 대번에 알아보거든요. 그
래서 웬만하면 저는 그냥 맥락만 파악하려고 해요. 그러다 보니 중간에 대
사를 빼먹을 때도 간혹 있는데 다행히 그렇게 빼먹은 대사 열에 일고여덟
은 작품에서 그다지 중요하지 않은 대사였어요. 감독님들도 진짜 필요한 대
사면 다시 하라고 하지만, 빼도 되는 거면 그냥 가요. 대신 상대 배우한테
는 말을 해줘야죠. 이런 문장이 내 마지막 대사가 될 거라고. 그러면 자연
스럽게 연기가 이어지는 것 같아요.

결국 모든 대사가 박정민이라는 배우의 필터를 통하겠지만 그럼에도 불구하고 이건 정말 남이 써준 대사가 아니라 내 속에서 나왔구나 하고 생각한 대사가 있나요? 꼭 명대사라서가 아니라.

있죠, 있어요. 그런 게 더러 있죠. 예를 들어서 〈변산〉에서 마지막에 아버지 돌아가실 때 "나 테레비 나오는 거 보고 가야지" 하는 말은 시나리오에 없는데 그냥 나온 거예요. 그건 우리 할머니 돌아가셨을 때 딱 제 마음이었거든요. 2011년도 8월에 돌아가셨는데, 〈파수꾼〉이 나왔을 때도 이미 치매로 누워 계셔서 의식이 없는 상태셨어요. 제가 할머니 정말 좋아하고 우리 할머니는 '테레비' 보는 거 좋아하셨는데, 손자가 텔레비전에 나오는 걸 못보고 돌아가시니까 안타까운 마음이 너무 크더라고요. 그 오랜 마음이 〈변산〉에서 대사가 되어 자연스럽게 툭 튀어나온 거죠.

"제 유행어가 '무조건 오케이 받고 한 번 더!'예요."

박정민의 방법

"어쨌든 모든 데이터는 제 안에 있으니까. 그리고 그전에 썼던 걸 또 꺼내면 안 되니까. 반복하거나 모방하면 안 되니까."

어느덧 데뷔 10년 차가 넘었어요. 박정민만의 연기 방법론? 그런 말이 너무 거창하다면 자신에게 맞는 캐릭터 접근방식이 생겼나요.

연기론까지는 아직 생긴 것 같지 않고요. 제가 남을 따라 하는 걸 잘 못해요. 〈그것만이 내 세상〉의 서번트 증후군을 앓고 있는 진태 역시 어느 정도 원형이 있었지만, 실제 만나고 관찰한 아이들을 따라 하지 않으려고, 오히려 피하려고, 다른 것을 하려고 했죠. 대신 저는 제 안에 되게 많은 모습이 있다고 생각하거든요. 사람은 누구나?

그렇겠죠?

제가 백은하 소장님하고 있을 때 모습과 엄마 아버지 앞에 있을 때, 또 다른 사람과 있을 때, 그 모습이 다 다를 거 아니겠어요? 연기를 하면, 제 그런 여러 모습들을 찾으려고 애를 써요. 이 캐릭터는 내가 누구를 대하는 모습과 가장 닮았는가. 그 접점을 찾아내서 확장시키는 거죠, 제 나름대로.

그 뜻은, 나라는 사람의 행동이나 상태를 마치 전지적 작가 시점처럼 객관적으로 바라본다는 뜻도 되는 거겠네요?

그렇죠. 평소에는 별 생각을 안 하다가 그런 기회가 생기면 곰곰이 생각해보는 거죠. 어쨌든 모든 데이터는 제 안에 있으니까. 그리고 그전에 썼던 걸 또 꺼내면 안 되니까. 반복하거나 모방하면 안 되니까. 최대한 피하려고 하죠.

하지만 내 안에 없는 것도 있을 수 있잖아요.

있죠. 그래서 정말 최대한으로, 딱 맞아떨어지는 모습은 아니지만 이 인물이 할 법한 표정이나 대사의 톤이나 몸짓을 내가 언제 하게 되는지를 생각해요. 어차피 결국 제가 연기해야 하는 거니까요.

모든 것이 박정민의 안에서부터 시작된다?

네, 제 안의 것들을 찾아가요, 계속. 내가 옛날에 누군가를 만났었는데 그 사람 앞에서 그랬던 것 같은데? 여행을 갔을 때 어떤 사람 앞에서 내가 그런 모습 보인 것 같은데? 그런 걸 계속 찾아가면서, 그때의 것들을 기억해 내려고 노력을 하죠. 그렇게 찾은 점을 하나 딱 찍어놓으면, 그대로 시나리오를 읽어가요.

하지만 점점 시간이 흐를수록, 다양한 장르로 갈수록 접점을 찾기 힘든 캐릭터들이 늘어날 텐데요.

〈사바하〉2019 같은 경우는 너무 어려웠죠. 정말 이 인물에 다가가기 위해서는… 하, 이런 이야기해도 되나 모르겠지만, 살면서 정말 죽이고 싶었던 자식이 하나 있었거든요. 내가 쟤를 죽이고 감옥에 가야지, 생각할 정도로. 물론 실행에 옮기진 않았지만. 하하하. 그때 분노에 가득 차서, 저걸 어떻게 죽이지? 이런 생각까지 했단 말이죠. 막 범죄 다큐멘터리 같은 것도 보고. 그런데 오히려 감정적이 되기보다는, 이놈을 어떻게 죽이면 내가 들키지 않고 걸리지 않을 수 있을까, 차분해지고 이성적으로 정말 모든 걸 다 계산하고 있더라고요. 그때 생각하면 소름 끼칠 때가 있거든요. 물론 〈사바하〉의 나한이 분노에 가득 찬 인물은 아니지만, 그 순간 제 모습을 좀 빌려온 것 같아요. 아니, 빌려 왔어요. 그랬더니 나한이라는 인물이 정말 급격하게 차가워지는 거예요.

하지만 나한은 동시에, 어떤 존재에 대한 맹목적인 복종 혹은 믿음이 있는 사람이잖아요.

네, 방금 말한 게 인물의 온도나 외적인 거라면, 캐릭터의 정서를 잡을 땐 사실 이게 더 어렵죠. 저는 종교가 없는 사람이거든요. 제가 절대자를 맹목적으로 믿었는데 이 절대자가 나를 배신해서 막 폭주한다? 이건 저에게 쉽지 않은 일인 거예요. 살면서 그렇게 큰 실망이나 배신을 당해본 적도 없고. 배신을 당했다고 울어본 적도 없고요. 그럼 어디부터 시작을 해야 되나 고민하다 그냥 막 파고들었어요. 애가 왜 이렇게 울지? 왜 이렇게 슬퍼하지? 결국에는, 엄마더라고요. 이렇게 차갑고 나쁜 짓을 아무렇지도 않게 하고 다니는 이 친구가 슬퍼하는 이유는. 자기가 믿고 있는 그 절대적인 인물, 그 사람 때문이 아니고, 그냥 엄마 때문인 거예요. 나한은 엄마가 죽은 뒤 누구의 보살핌도 받을 수 없었고, 보호자라고 나선 사람도 결국 나쁜 짓만 시켰죠. 물론 이게 악행이란 걸 애도 알고 있었지만 그냥 믿으려고 한 거고, 믿으려고 하다 보니까 그렇게 차가워진 거죠. 그런데 막 꿈에서 죽은 아이들이 나오고 헛것을 보고. 이럴 때마다 엄마를 찾아요. 그러다가 엄마가 꿈에 찾아오잖아요. 그 절대적인 아버지가 아니고 엄마가 와서 이 귀신들을 물리쳐주는 거죠. 그래서 나한이라는 인물은 그 지점에서 시작해야겠다고 생각했어요.

나한 역도 그렇지만, 배우들이 늘 행복한 역할만 하지는 않죠.

그렇죠, 보통 안 행복한 역할이 많죠.

"제 유행어가 '무조건 오케이 받고 한 번 더!'예요."

그 안에서 배우 개인의 정신 상태를 유지하는 방법이 뭔가요?

일상생활에서도 나는 이 인물로 살아야지, 라는 생각을 전 안 해요. 앞서 말한 대로 몸의 습관은 붙여도 그건 그냥 근육에 붙여놓는 거니까. 감정적인 부분까지 계속 그 캐릭터로는 못 살아요. 그렇게 살면, 촬영을 못해요.

'메소드'라는 방식에 대한 오해가 너무 많죠.

네, 그건 좀 오해를 받아온 개념이죠. 예를 들어서, 내가 일상생활마저 철저하게 캐릭터로 살고 있어, 그런데 카메라 앞에서 연기를 못해버리면 어쩔 거예요. 그렇다고 모든 걸 다 내려놔버리는 것도 아니거든요. 예를 들어서 이렇게 인터뷰를 하고 있을 때도 아, 맞다 나 〈시동〉찍고 있지, 이럴 때 택일이라면 어떻게 했을까? 정도로 그냥 끈 하나 부여잡고 있는 거예요.

감정에 지배당하는 것은 아니다?

네, 캐릭터의 감정에 지배당하면 나한이 같은 경우에는 어떡해요. 그러면 진짜 큰일 나죠. 카메라 앞에서 가장 최적의 컨디션으로 그 캐릭터를 연기할 수 있는 정도로 만들어놓는 게 더 중요하죠.

그런데 그 분리가 쉬울까에 대한 의문이 있어요.

쉽지는 않죠. 저는 책 읽는 걸 좋아하는데, 예전엔 촬영할 때는 오로지 대본만 봤어요. 다른 책을 읽는 건 배우 정신에 위배되는 거다, 그런 생각을 했죠. 계속 대본만 보고, 거기에 빨간 줄 치고 노트하면서 이렇게 해야지 저렇게 해야지, 적어놓고. 그런데 막상 현장 가면 그렇게 안될 때도 많거든요. 왜냐하면 나 혼자 연기하는 게 아니니까요. 그러다 한번은 어떤 촬영장에 내려가기 전에 서점에 가서 책을 대여섯 권 사 가지고 갔어요. 그리고 쉬는 날엔 사 간 책만 읽었어요. 다음 날 촬영을 갔는데 훨씬 수월하고 가뿐한 느낌이 드는 거예요. 순간순간 떠오르는 것들도 많고. 그래서 이제는 환경이나 패턴을 조금씩 바꾸고 있어요.

박정민의 현장 ————————————

"사실 저는 오래 안 해도 돼요. 그런데 내 옆에 사람들이 있잖아요. 동료들이 있잖아요. 이 사람들을 위해서라도 제가 지구력을 키워서 건강하게 가줘야 할 때가 온 건 아닐까 싶더라고요."

배우가 캐릭터에 자신의 방식으로 접근을 한 이후, 현장에서 감독의 해석과 다를 수도 있잖아요. 〈사바하〉의 경우 장재현 감독과는 구체적으로 어떻게 접점을 찾아갔나요.

촬영 초반까지는 시나리오를 다 이해 못해서, 그냥 이 차가운 아이를 잘 연기하면 되겠다고 생각했거든요. 그런데 찍다 보니까 얘가 굉장히 슬픈 아이인 거예요. 장 감독님도 이 영화의 정서와 감정은 다 나한에게 들어가 있다, 굉장히 슬픈 인간이다, 용서받을 수 없는 죄를 저질렀지만 되게 쓸쓸한 인물이다, 하는 말씀을 하셨죠. 이때부터 제가 말 그대로 찾아나가기 시작한 거죠. 이 신에서는 구체적으로 어떤 행동을 하고 어떤 감정으로 울어주고… 이런 얘기를 감독님과 한 적은 없어요. 제가 준비해온 걸 보시고는 좀 아니다 싶으면 여기서는 조금 줄여서, 여기서는 좀 더 올려서 가시죠, 하는 식이었어요.

볼륨 조절 느낌으로?

네. 그 정도의 느낌으로. 대신 뭔가 만족스럽게 나오지 않는 신이 있으면, 충분히 시간 갖고 한번 해보실래요? 이 정도만 했었죠. 인물의 감정선을 감독과 같이 연구하거나 하지는 않았던 것 같아요.

그동안 작품에서 아예 틀린 해석으로 캐릭터가 현장에서 완전 뒤집힌 경우는 없었어요?

없었던 것 같은데요? 물론 감독님들과 이야기를 나누면 다른 해석이 있어요. 그때는 '그건 아닌데요?' 하는 태도보다는 '그렇다면 이런 것도 해볼까요?' 하고 몇 가지 버전들을 가져가는 거예요. 물론 대부분 제 해석이 틀렸겠죠. 감독님들은 전체를 보시는 분들이니까. 그래도 어쨌든 나중에 편집실 가서 그중에 몇 개라도 쓰일 수 있을 거라 믿으면서 다양한 시도를 해보는 거죠. 그건 배우로서 하나의 의무라고 생각해요. 대부분 제가 틀리지만.

언어로 설득하는 것이 아니라 몸으로 설득하는 방식에 가깝군요.

"우선 해볼게요" 하면 감독님들은 열이면 열 거의 "해보세요"라고 하세요. 그렇게 보여드리면 "좋은데요" 하는 분도 있고 "괜찮은데 다른 것도 해볼까요?" 하는 분도 있고.

요구도 받아들이고, 또다시 해보고?

네, 그렇게 서로 맞춰가요. 그런데 웬만하면 감독님 그림이 맞다고 판단을 해요. 그런데도 제 해석을 보여드리는 이유는, 동시에 더 좋은 게 있을 수도 있다는 가능성을 열어보자는 거죠. 현장에서 다른 옵션을 만들어놓고 배우의 감정이 여러 가지가 있으면, 편집에서 활용할 수 있는 컷은 더 풍부해지죠. 그런 것들을 제공해주는 것이 배우의 의무라고 생각해요, 저는.

너무 잘하고 싶어서 오히려 망쳤던 순간도 있나요?

〈동주〉에 그런 장면들이 꽤 있어요. 특히 아버지들 앞에서 "동주는… 죽었습니다. 그리고 저도… 오래 살지는 못합니다"라고 말하는 장면 같은. 아버지들 쪽 촬영을 먼저 했는데, 제가 그만 너무 슬퍼서 처음부터 엄청운 거예요. 정작 얼굴은 나오지도 않는데. 막상 제 얼굴쪽에서 찍는데 안 슬퍼요, 하나도. 아까 다 쓴 거예요, 눈물을. 결국 힘을 짜내서 해야 되니까 곤혹스러웠죠.

효율적으로 에너지를 배분해야 되는 것도 배우의 기술이죠.

맞아요. 모든 장면에 다 잘하려고 하면, 다 실패하는 것 같아요. 그리고 최근에 느끼는 게 있는데요. 딱 규정지을 수 있는 건 아니지만, 말하자면 각 신의 주인공들이

"제 유행어가 '무조건 오케이 받고 한 번 더!'예요."

있잖아요. 저는 영화의 주인공이지, 매 신의 주인공이 아닌데 매 신마다 주인공처럼 연기하려고 할 때가 있어요. 타 배우의 장면까지 다 잡아먹어야지 하는 게 아니라, 그냥 이 영화 잘 돼야 되니까 난 모든 순간 최선을 다해 잘해야 된다는 생각이 드는 거죠. 정작 그 신을 메고 가는 인물이 내가 아닌데도, 굳이. 내가 막 잘하려고 하면, 옛날에는 몰랐는데, 지치더라고요. 정작 내가 이끌고 가야 될 신에서는 너무 힘들어져버리니까.

눈물이 말라버리고?

네, 정신 못 차리고, 화나고. 그러니까 그 에너지 배분이 되게 중요한 것 같더라고요. 그러면서 (이)병헌 선배님이나 (이)정재 선배님이나, 선배님들과 연기할 때 보면 이래서 주인공을 몇 십 년이나 하시는구나 느껴져요. 정말. 선배님들이랑 작업하면서 진짜 좋은 게, 그런 것들 보면서 배우니까, 체감을 하니까.

배우에게 전투력이나 투지가 중요하지만 결국 지구력 싸움이라는 생각을 해요. 그러나 정말 좋은 배우는 버티는 것만으로 승부가 나지 않고, 결국 전투력과 투지로 완성되죠. 박정민에게 지금은 어떤 단계인가요?

현재는 지구력. 매 순간 버텨나가는 것 같아요. 제가 언젠가 촬영 중에 입원을 한 적이 있어요. (황)정민 형이 병문안을 오셨는데 표정이 안 좋으셨어요. 들어오자마자 휠체어에 달려 있는 링거대를 뽑는 시늉을 하시더라고요. 속상하고 화가 나신 거죠. 지금 한참 촬영 중인 주연 배우가 다쳐가지고 누워 있다고.

몸 관리 못한다고?

네, 몸뚱아리 관리 못한다고. 당연히 그럴 만하죠. 며칠 있다가 전화를 해서 이러시는 거예요. "정민아, 오래 해야 될 거 아니냐. 지금 니 몸 안 아끼고 그렇게 불도저처럼 가는 게 결코 좋은 게 아니다. 그건 너랑 같이 영화 찍는 사람들한테 완전 민폐야. 오래 해야지. 오래 하려면 컨디션 조절해야지." 예전 같았으면, 속으로 무슨 소리지? 더 열심히 해야지, 더 세게 해야지 이랬을 텐데 그날은 정민이 형 말씀이 딱 와닿는 점이 있더라고요. 그렇지. 오래 해야지. 오래 해야지… 사실 저는 오래 안 해도 돼요, 상관없어요. 그런데 내 옆에 사람들이 있잖아요, 동료들이 있잖아요. 이 사람들을 위해서라도 제가 지구력을 키워서 건강하게 가줘야 할 때가 온 건 아닐까 싶더라고요. 평소에 저를 보고 류승완 감독님이 농담 반 진담 반처럼 "그냥 60퍼센트만 해" 그랬거든요. 그런데 결국 감독님이나 제작사나 피디님이나 우리 스태프들이나 다른 배우들이나, 제가 100퍼센트 하려다가 다쳐버리니까, 다 꼬인 거예요. 돈 낭비 시간 낭비죠. 예를 들어서 어떤 스태프가 내일 남자 친구 만나러 서울 올라가려고 했는데, 제가 다쳐서 못 올라갔어요. 이런 것도 다 민폐거든요. 영화 현장이란 내 진심, 나의 노력과 열정만으로 해결되는 곳이 아닌 거예요.

하지만 안에서는 계속 싸우게 되지 않을까요? 그래도 60퍼센트만 할 수는 없어! 하는 마음들이?

그렇죠. 카메라 돌아가면 또 그게 잘 안 되겠죠. 하지만 이제는 직업인으로서 동료로서, 현장에서 배우의 역할을 생각해야 한다는 걸 뼈저리게 느껴요.

"제 유행어가 '무조건 오케이 받고 한 번 더!'예요."

박정민의 동료 ─────────────

황정민

"굉장히, 무섭죠. 무서운 형이에요. 배우로서 가져야 하는 기질이나 태도 같은 건 정민 형님한테 거의 다 배웠어요."

각 시기마다 배우 박정민을 자극해준 동료들이 많았죠. 박정민의 시작이라고 할 수 있는 박원상 배우는 말할 것도 없고 황정민부터 이병헌, 류승범 그리고 또래 동료들까지.

우선 정민이 형 같은 경우는, 그냥, 여러 가지로 영향을 많이 주시죠. 황정민은… 아직도 소년 같아요.

이름이 같은 것에 대한 동질감도 있어요?

전혀 없어요. 하하하. 8년이란 시간 동안 함께하면서 배운 건, 정말 열심히 해요. 앞에서도 뒤에서도, 매일매일. 쉬지 않고 열심히 해요. 그래서 제가 열심히 하는 것 같아요.

열심히 한다는 게 뭘까요?

지금 자신이 열중해야 하는 어떤 것에, 시간 투자를 엄청 많이 하세요. 부지런하게, 꾸준히. 그리고 각 영화에 대한 주인의식이 굉장히 강하고 그 현장에 있는 모든 사람들을 다 자기 식구라고 생각하세요. 솔선수범해야 한다고 생각하시고 솔선수범하니까 굉장히, 무섭죠. 무서운 형이에요. 그럼에도 불구하고 제가 이 형님을 너무너무 좋아하고 사랑하는 이유는, 배우로서 가져야 하는 기질이나 태도 같은 건 정민 형님한테 거의 다 배웠거든요. 아직도 못 따라가는 것들, 영원히 못 따라가지 않을까 하는 것들도 많고.

그런데 두 사람, 되게 다른 느낌이거든요.

다르죠. 사람이 다르니까. 그 형은 굉장히 동물 같은 사람이고. 저는 약간 초식남이고.

본인 입으로 초식남이라고…

네, 저는 그냥, 좀 온순한 사람이고. 그 형님은 어쨌든 조금…

본능적인?

네, 본능적인 사람이니까. 그런 면에서 다른 거죠. 형이 해주시는 말들 중에 취해야 될 건 제가 정확하게 취하죠. 못하겠는 건 못 하지만, 저한테 적용시킬 수 있는 건 무조건 따라 해요.

예를 들어, 어떤 것이 있을까요?

"촬영할 때 오케이가 나도 무조건 한 번 더 해라. 대신 조금 다르게. 그건 배우가 감독에게 주는 선물이다. 이미 오케이는 났으니까."

되게 구체적이고 되게 실용적인 조언이네요.

네, 실용적인 것들이죠. 그래서 제 유행어가 '무조건 오케이 받고 한 번 더!' 예요. 현장에서 이게 말버릇처럼 나와요. 그리고 "영화 시나리오가 한 권의 책이라고 했을 때, 네가 남한테 선물할 수 있을 정도가 되면 출연하고 아니면 하지 말라"는 말씀도 해주셨죠. 사실 굉장히 명쾌한 답인 거잖아요. 처음엔 시나리오를 어떻게 읽고 선택해야 하는지 잘 몰랐는데 그 말을 들으니까 제 나름의 기준이 생기는 거예요. 혹여 결과가 안 좋게 나와도, 내가 좋을 것 같다고 생각해서 선물했는데 저 사람은 재미없을 수 있구나, 생각하는 거죠. 또 "현장에 무조건 남들보다 빨리 가라" "밥 먹을 때 감독님들 스태프들 피디님 배우들 다 네가 챙겨라" 이런 것들. 사실 저는 누구를 챙기는 성격의 사람이 아닌데, 정민이 형이 나름의 이유를 대면서 그렇게 하시니까, 또 그건 내가 할 수 있는 범주의 일이니까, 따라 하는 거죠. 제 행동이 영화에 얼마나 도움이 되는지는 모르겠지만 어쨌든 현장 분위기에는 도움이 되는 거잖아요. 그런 것들 다 정민이 형한테 배웠어요.

이병헌

*"'수학의 정석' 풀다가 도무지 모르겠으면 모범답안 보잖아요? 그런 분이었어요. 홍성
대 같은 사람."*

**〈그것만이 내 세상〉에서 형제로 나온 이병헌 배우는 같은 직업을 가진
이들에게는 여러 의미의 자극들을 안겨주는 사람이죠?**

그냥 말을 잇지 못할 정도죠. 윤여정 선배님도 그렇고 병헌 선배님도 그렇
고. 〈그것만이 내 세상〉에서 함께 했던 3개월 반, 4개월은 뭐랄까. 어렸을
때, '수학의 정석' 풀다가 도저히 모르겠으면 모범답안 보잖아요? 그런 분
이었어요. 홍성대 같은 사람. 또 한편으로는 수학 문제 풀다가 안되면 옆에
수학 잘하는 애한테 가서 물어보잖아요? 모범답안은 아닌데 희한하게 자기
식대로 풀어서 더 빠르게 정답이 나오는 애들.

"제 유행어가 '무조건 오케이 받고 한 번 더!'예요."

그런 느낌을 받을 때도 있고. 여하튼 너무 신기해요. 자괴감도 들고. 나는 언제 저렇게 푸나, 하는 게 아니라 나는 절대 저렇게 될 수 없을 거야, 하는 정도의 자괴감이었어요.

현장을 함께한 동료로서 목격한 순간이 있나요?

병헌 선배님은 매 테이크가 너무 놀라워요. 저희는 보통 모니터를 보고 내가 잘했나? 못했나? 정도만 체크하는데, 선배님은 잠깐 모니터를 한 뒤에 이미 좋은 앞 테이크를 토대로 살짝만 바꿔서 다음 테이크를 연기해요. 근데 그 테이크가 전 테이크보다 훨씬 좋아요. 아주 미세하게 바꾸는데도요. 일반 사람들이 보면 똑같은 걸 왜 자꾸 찍는 거야? 할 수도 있을 정도인데, 고갯짓 한 번, 손짓 한 번의 변화에 다 다른 효과가 나와요. 그리고 그 조금씩 다른 테이크들이 영화로 보면 모두 다 잘 붙는 거예요. 놀라움의 연속이었죠. 선배님에게서 연기적으로 너무 많이 배웠어요, 하는 건 어떻게 보면 건방진 답이고… 선배님의 연기가 너무 좋았어요, 이거는 뭔가 이상하잖아요. 그냥 그 시간들이 마법 같은 시간들이었어요.

류승범

"*지금 이 순간, 이 시기를 겪고 있는 내가 반드시 만났어야 할 사람을 만난 것 같았죠. 돌이켜보면 신기루 같은 느낌이에요.*"

〈타짜: 원 아이드 잭〉을 함께 한 류승범 배우는 정말 또 다른 트랙이잖아요.

그 형은 어나더 레벨이죠. 예전의 류승범을 벗고 새로 태어난 류승범의 모습으로 살고 있는, 살려고 하는 배우잖아요. 촬영하면서 형이 저한테 되게 많은 얘기를 해주는데, 공감이 되는 부분은 정말 확 감정이입이 될 정도였어요. 〈타짜〉를 40회차? 반 정도 찍었을 때 갑자기 "이제 슬슬 오지? 슬슬 모든 게 싫어지는 때가 왔을 텐데" 이러시는 거예요. 와, 근데 그때 딱 그 상황이었거든요. 〈타짜〉에서 저는 거의 모든 회차에 나가서 연기를 해야 하는 극도의 스트레스 상황이었는데, 형이 현장에서 그런 저를 유심히 보고 있었던 거예요. 얘 지금 좀 상태가 안 좋다, 딱 아신 거죠. "하기 싫으면 하지 마, 물론 하기 싫다고 안 하지는 못하겠지만, 하기 싫다고 얘기도 할 줄 알아야 돼. 그렇게 네가 풀려야지, 그게 영화를 도와주는 길이야." 물론 저는 천성적으로 힘들다고 해도 힘든 티를 낼 수 있는 사람은 아니지만, 내 옆에서 그런 티를 내라고 말해주는 사람이 있다는 게 너무 고마운 거예요. 진짜 그때 몸 만드느라 밥도 많이 못 먹고 이럴 때니까 너무 예민했었는데 그때 딱 형이 그걸 지켜보다 그런 말씀을 해주시니 너무 고마웠죠. "나는 철없을 때 씨바, 하기 싫다고 울고 막 지랄해본 적도 있어. 그래도 돼. 대신 약속만 지켜. 넌 너 할 거 다 잘하고 있잖아." 그냥 그런 형이 내 옆에 있다는 게, 뭐 씨바! 다 덤벼! 이런 느낌이었죠.

짧지만 강렬한 만남이었네요.

승범이 형 마지막 촬영하고 딱 보내드리니까 진짜 허하더라고요. 지금 이 순간, 이 시기를 겪고 있는 내가 반드시 만났어야 할 사람을 만난 것 같았죠. 돌이켜보면 신기루 같은 느낌이에요.

박정민과 넥스트 액터들 ────────────

앞서 이야기한 선배들을 만나기 전에 유독 좋은 또래 동료들, 친구들하고 긴 시간을 보냈죠. 선배들은 사실 마음껏 존경하고, 장점이 있으면 배우고 취할 수 있지만, 비슷한 또래 동료들한테는 어쩔 수 없이 갖게 되는 경쟁심 같은 것들이 있죠?

있죠.

끊임없이 선택을 받아야 하는 일이다 보니 내가 정말 하고 싶었던 역할을 딴 친구가 하게 되는 경우도 많았을 테고요. 살펴보면 저마다 다른 특징과 장점들을 가진 배우들이지만 일단 캐스팅 카테고리가 동일했을 때 그 동료와의 관계를 유지하는 데에 어떤 태도를 가지고 있나요?

저요? 저는 그냥 '나는 니들보다 밑이야' 하고 깔고 가요.

하하. 그러면 마음이 편한가요?

네, 마음이 훨씬 편할 뿐더러 진짜로 제가 걔네들 밑이
에요. 물론 쟤는 잘 되는데 왜 나는 안돼? 하는 조바심
같은 게 없었던 건 아니죠. 나도 잘할 수 있는데 왜 나
한테 기회가 없지? 하는 것들이 경쟁의식이라면 경쟁의
식이겠죠. 그런데 어느 순간, 약간 생각이 바뀌었어요.
(이)제훈이 형이나 (류)준열, (변)요한 (강)하늘, (안)재
홍, (류)덕환, (최)우식이… 이런 제 또래 배우들 있잖아
요. 예전에는 저 사람이 할 수 있는 걸 나도 할 수 있
는데, 나도 저거 하고 싶어! 그런 생각을 했다면, 지금
은 다 같이 가야 되는 거지… 하는 느낌이 들더라고요.
각자의 위치에서 다들 저처럼 제 마음처럼 하고 있다고
생각해요. 크게 다르지 않을 거라고 봐요.

**사실은, 그 마음이 되기까지, 어쨌든 결국 같이 간다
는 것까지를 받아들이기가 쉽지는 않잖아요.**

어느 날 보니까 제가 존경하는 그 많은 선배님들이 각
자의 위치에서 열심히 연기하면서 지난 10년, 20년 한
국영화를 이렇게 끌고 오신 거예요. 물론 그 안에서도
시기 질투가 있었을 테죠. 하지만 다 같이 함께였으니
까 한국영화가 여기까지 왔다고 생각해요.

함께 만들어갈 때 더 큰 판이 계속 유지될 거라는 믿음이 생겼다는 거죠?

맞아요. 그렇게 가끔은 선배님들과 어울려 영화를 하고, 때론 우리끼리도 모여서 일하고.

〈사냥의 시간〉²⁰¹⁹처럼요?

네, 그런 거죠. 오, 저 배우들이 나오는 영화 재밌네. 쟤네가 나오는 영화 또 보러 가야지. 그러면 좋잖아요. 그렇게 선배님들도 지난 20년을 만들어오셨던 거고요. 그러니까 이제는 우리도 다 같이 잘 해내야 되겠다는 생각으로 바뀌었어요. 제가 워낙 또래 동료들을 좋아하기도 하고, 시기 질투를 할 만한 관계들이 아니니까. 뭔가 좀 유토피아 같은 느낌이지만 그 친구들이 하는 영화는 다 잘됐으면 좋겠어요. 제발 나랑 비교되게 개봉 날짜만 안 붙었으면 좋겠고.

단순히 나이로 나누고 싶지는 않지만, 아까 말했던 지난 20년을 역사적으로 끌고 갔던 그 선배님들 세대와 구분한다면 박정민 배우 세대, 즉 '넥스트 액터들'의 가장 큰 특징이 무엇이라고 생각하세요?

친구들을 보면… 내가 감히 평가할 수 있는 게 아닌 것 같은데, 아무튼 자기 삶을 잘 살고 있는 것 같아요. 할 것도 많고 볼 것도 많았던 시대니까. 보고 자란 매체들도 다양하다 보니까 새로운 것에 대해서 거부감이 별로 없고, 오히려 생경한 걸 좋아할 수도 있는 세대가 아닐까? 그런 생각은 좀 들어요.

어쩌면 한국의 많은 젊은 감독들이 결국 내가 아무리 뛰어봤자 봉준호, 박찬욱을 따라갈 수 없을 것이다,라는 큰 이름의 무게에 눌리는 게 있잖아요. 배우 쪽에서도 여전히 한국영화의 대표 이름은 송강호, 최민식, 설경구거든요. 다음 세대들이 이 이름을 뛰어넘을 수 있을까요?

굳이 뛰어넘지 않아도 될 것 같은데요. 그냥 관객들한테 저희들의 이름을 알려주면 되는 거죠.

세대가 교체될 필요는 없다고 보는 건가요?

그렇죠. 뭐 굳이. 교체하고 싶다고 교체가 되겠어요? 선배님들 계신데. 어쨌든 선배님들은 계속 그렇게 전설로, 앞으로 나아가실 것 같고. 저희는 또 다른 뭔가를 만들어야겠죠, 다른 것으로. 사실은 한국영화 자체가 지금 굉장히 위기에 봉착해 있는 상황이잖아요.

현장에서 그 위기감이 느껴져요?

느껴지죠. 관객들을 배제할 수는 없지만, 너무 관객들만 생각하는 현장도 있어요. 관객들은 이런 거 안 좋아해, 하면서 알아서 움츠리는 분위기. 저는 약간 '그러니까 어쩌라고? 그래도 새롭고 재밌는 걸 만들어야지!' 하는 쪽으로 의견을 내기도 해요. 예전에 선배님들도 왠지 그렇게 찍었을 것 같고요. 물론 영화 한 편이 개인의 욕심을 채우는 것이 아니기 때문에 고려해야 할 것들이 많죠. 그리고 현장에서 얘기해보면 감독님들 제작자들 스태프들 배우들, 그들도 다 눈치 보고 싶어하지 않아요. 그런데 그럴 수밖에 없는 현실인 거죠. 개인적으로 하나의 목표라고 한다면, 듣도 보도 못한 것들로 관객들을 즐겁게 만드는 영화를 많이 만들어보고 싶어요. 우리가 관객을 결국 설득할 수 있다는 자신감으로. 어쩌면 영화계가 옛날처럼 용감하게 한국영화를 만들 수 있는 하나의 방법이지 않을까요?

박정민이 열한 번째 넥스트 액터에게————

"내 나이 때 이 선배님은 뭐 하셨지? 송강호 선배님은 서른셋에 무려 〈공동경비구역 JSA〉를 찍으셨구나. 이런 걸 보면 마음이 다잡아지는 게 있어요."

만약 '넥스트 액터' 시리즈가 계속 이어진다면, 10년 후 마흔셋의 박정민 배우가, 열한 번째 넥스트 액터에게 어떤 이야기를 해주고 싶으세요?

저는 선배님들 필모그래피를 찾아보는 버릇이 있거든요. 내 나이 때 이 선배님은 뭐 하셨지? 어떻게 영화를 해오셨지? 송강호 선배님은 서른셋에 무려 〈공동경비구역 JSA〉²⁰⁰⁰를 찍으셨구나. 이런 걸 보면, 마음이 다잡아지는 게 있어요. 저는 아직도 선배님들이 한국영화에 닦아놓은 길을 적어도 훼손하지는 말자는 생각을 해요. 영화가 좋아서, 연기하는 게 좋아서, 좋은 영화 만들려고 피땀 흘려 만들어온 발자국들을 따라가자. 글쎄요, 10년 후 엔 또 완전 판이 바뀌어버릴 가능성도 있으니까 뭐라고 장담할 수 없겠지만, 10년 뒤에 누군가가 우리 세대 혹은 우리 전 세대 선배들이 어떻게 걸어왔는지를 잘 보면, 분명 힘을 낼 거라고 믿어요.

서른셋 먹은 박정민이 머리 노랗게 염색하고 오토바이 타고 가출 청소년 연기하고?

그러니까요. 10년 후에 서른세 살 먹은 어떤 배우가, 박정민 필모그래피 찾아보다가 어! 이 사람 내 나이 때 고등학생 역할 했네? 나도 할 수 있겠네? 그런 생각을 할 수도 있는 거고요. 하하하.

**Una Labo
Actorology**

백은하 배우연구소

박

정

민

next actor

next actor

넥스트 액터 NEXT ACTOR

박정민

1판 1쇄 2019년 6월 5일
1판 5쇄 2024년 11월 7일

기획	무주산골영화제 X 백은하 배우연구소
글	백은하, 박정민
편집	백은하
디자인	옥근남
교정·교열	김남희
인쇄	이지프레스

펴낸 곳	백은하 배우연구소
출판등록	2019년 2월 21일 (제2019-000023호)
주소	서울특별시 종로구 자하문로38길 12 2층 (03020)
전화	02-379-2260
홈페이지	www.unalabo.com
이메일	unalabo@icloud.com
인스타그램	@una_labo

ISBN 979-11-966960-1-6 (04680)
ISBN 979-11-966960-0-9 (세트)

값 14,000원
Copyright ⓒ 백은하 배우연구소, 2024

WHO'S THE NEXT?